POR MARIO GARCÍA

NEW YORK
THANE & PROSE
2019

Primera Edición

Diseño de cubierta y tapas interiores por García Media
Dirección de Arte – Paula Ripoll
Ilustraciones – Jeff Goertzen

Traducción – Jorge Reparaz
Formato y producción – Miguel Angel Gómez

Tipografía de la cubierta: Deutschland Gothic, páginas interiores en Bembo Std.

ISBN 978-0-578-60411-4

The Story

POR MARIO GARCÍA

CONTENIDO

The Story

POR MARIO GARCÍA

Storytelling

2 Storytelling

La historia como protagonista

POR MARIO R. GARCÍA

La historia es el motivo de todo lo que hacemos. Es el motivo por el que nuestra audiencia se acerca—y con suerte permanece. En mis cuatro décadas de carrera como periodista visual—término que prefiero al de diseñador de períodicos—siempre tuve en claro que existimos para asegurarnos de que la historia sea accesible, fácil de leer, y fácil de hallar. Afortunadamente jamás me engañé con que el diseño podría modificar la recepción de una historia que no tenía algunos de los factores esenciales tales como consecuencia, interés humano, proximidad, sentido de la oportunidad, e importancia.

Luego de unos diez años de carrera—mientras trabajaba en salas de redacción como consultor de diseño contratado para "rediseñar" un periódico, en el sentido tradicional: cambiar la tipografía, la paleta de colores, crear un aspecto dinámico en la primera plana, y tal vez incluso rediseñar el logo del periódico—llegué a la conclusión de que no podía haber un buen diseño si no existía una unión de las tres disciplinas principales: redacción, edición, y diseño. Es así como nació el concepto WED (boda en inglés). Aún me es de utilidad.

¿Qué es WED?

Según recuerdo, y como dije en mi libro *Newspaper Evolutions* (Poynter, 1997), debo de haber estado trabajando en mi septuagésimo proyecto de rediseño (hacia 1987) cuando repentinamente tomé conciencia en un avión.

¿Por qué algunos proyectos de rediseño tienen más éxito que otros? La respuesta me llegó en las nubes: Un diario que incluye una integración total de redacción, edición, y diseño (WED por sus siglas en inglés) en un proceso de rediseño tiene mejores resultados que uno en que el rediseño solo apunta a aspectos cosméticos o gráficos.

Fue en mi proyecto con *The Philadelphia Inquirer* donde nació el concepto WED. El primer día de mi residencia en *The Inquirer*, el editor

Max King me guió hasta una sala donde se exhibían todos los premios del diario, incluyendo *Premios Pulitzer*. «Observe esto, Mario,» dijo, desde su enorme altura. «Sentimos orgullo de ser un diario orientado al texto. Las palabras son importantes para nosotros. No importa lo que haga con el aspecto de *The Inquirer*, cómo maneje el agregado de color—asegúrese de no olvidar eso».

Por supuesto no lo hice.

No solo para el proyecto de *The Inquirer*, sino para todo otro proyecto posterior. Ese fue un momento que me marcó.

Definió el modo en que trabajaría y cómo enseñaría nuestro oficio por siempre.

¡Aún es así hoy!

Como resultado, involucré aún más a redactores y correctores en el proceso de cada rediseño, y continúo haciéndolo hoy, al replantearnos las salas de redacción y movernos a través de las plataformas. Sabía que un buen diseño sería el resultado de un buen texto. El contenido es rey; el diseño lo viste para hacerlo más atractivo y fácil de digerir.

Cuando la redacción, la

edición, y el diseño se sincronizan, producen puro placer en la página o la pantalla. Se oyen sonar campanas.

Fue por WED que desarrollé estructuras narrativas como el primer paso hacia un rediseño exitoso. Y tengo el placer de decir que hoy, al escribir noticias para consumo en las pequeñas pantallas del móvil, son clave estructuras narrativas que agilicen la lectura y nos mantengan leyendo. Esperamos ofrecer muchos ejemplos de este tipo en el libro.

iWED hoy

iWED, como me refiero actualmente al concepto, trata sobre integración y planificación. Un editor idóneo analizará historias en busca de su potencial en cada plataforma: tal vez un alerta para el teléfono, una expansión y/o actualización digital, luego los aspectos más interpretativos y visuales para una versión impresa o de tableta. Podríamos agregar que actualmente el concepto WED cobra mayor importancia debido a que las tres disciplinas deben coordinarse cuidadosamente para desempeñarse de modo diferente en las diversas plataformas.

«WED también depende de las estructuras de las salas de redacción. Mientras veamos a los redactores como un departamento, a los editores como otro, y los diseñadores como una isla flotante en otro piso, WED no tendrá espacio,» escribí en *Newspaper Evolutions*.

Actualmente, podemos agregar que para que WED tenga éxito y sea sustentable en un mundo multiplataforma—pensemos en el quinteto de los medios—debemos ver las diferentes plataformas como parte de una operación integral donde la historia ocupa el primer lugar.

Tal vez para mí, WED es más importante hoy de lo que lo fue hace unos 600 proyectos atrás cuando lo concebí.

Tres consejos WED en un mundo primero móvil

—1. Incluya al redactor, editor, y diseñador al planificar cómo se presentará la historia.

—2. Permita que las características específicas de cada plataforma determinen cómo se llevará a cabo la redacción, la edición, y el diseño de cada artículo. Desarrolle y actualice la historia con una variedad de técnicas de storytelling.

—3. Permita que WED sirva de trampolín para enfoques multisensoriales: audio, video, y podcasts.

La filosofía debe ser integral, y se desglosa del siguiente modo:

La "W"

La W abarca no solo la redacción, sino la investigación y la información de las historias como así también titulares, subtítulos, pies de foto, promociones, y apartados de vista rápida.

La "E"

La E implica no solo editar, sino también coordinar y darle sentido a toda la materia prima periodística. Incluye la conexión entre diversas partes de un producto de noticias tales como promociones en la primera plana de un diario o vínculos en un servicio digital.

La "D"

La D abarca no solo el diseño, sino también la fotografía, imágenes e ilustraciones, e incluso el color, la tipografía, y los gráficos informativos.

WED ha sido guía de miles de periodistas y diseñadores en las últimas tres décadas. Se basa en los fundamentos esenciales de las buenas prácticas periodísticas.

Perseguimos historias

Una de las diferencias más significativas en la estrategia de las redacciones entre el momento en que creé el concepto WED y ahora es que hoy perseguimos historias en vez de ediciones.

The Story

Storytelling – Ensayo

Las historias tienen vida propia, algunas con piernas más largas que otras. Las salas de redacción donde los editores son conscientes de cómo se consumen las noticias actualmente, comprenden que la noción de frecuencia es importante. Los lectores no necesariamente esperan al diario de mañana o la revista de la próxima semana—o incluso el noticiero de hoy a la noche. En cambio, seleccionan su propio contenido, saltando de un proveedor a otro: puedo leer sobre arte y espectáculos aquí, y noticias sobre América Latina allí, e incluso otros tres títulos en busca de información diversa.

No solo los lectores no esperan al diario de mañana, sino que revisan sus teléfonos inteligentes frecuentemente.

«Si tener una vida interior importa tanto como tener una exterior, hemos creado un dilema tecnológico para nosotros mismos. Los dispositivos que compramos y usamos diariamente están diseñados, construidos, y comercializados bajo la premisa de que es un bien inapreciable estar siempre en la multitud.»

Como escribió William Powers en su bien acogido libro con un título fantástico, Hamlet´s BlackBerry (el BlackBerry de Hamlet)

Storytelling - Ensayo

Algo es seguro—mientras estemos en la multitud, todos seguimos ciertas historias cada día: las que esperamos que se actualicen cada vez que tomamos nuestro teléfono en busca de nueva información. Las historias se convierten en las "ediciones," el lugar donde los lectores recurren para actualizar su conocimiento de las cosas. Esto no sucede cada 24 horas, sino varias veces al día.

«Estamos produciendo mil primeras planas cada día.»

Como me dijo en uno de mis talleres Espen Egil Hansen, el inteligente editor de Aftenposten de Noruega, uno de mis proyectos

En verdad, lo hacemos. Cada vez que tomamos el teléfono, abrimos nuestra aplicación favorita o nos dirigimos a nuestro sitio Web preferido, hacemos el ejercicio que antes era mirar la primera plana del periódico. Excepto que sucedía una vez al día.

Hoy, podemos encontrarnos con una "primera plana" hasta 100 veces al día o más. Qué maravillosa oportunidad de mantener la marca de su diario frente a la audiencia. Los lectores esperan actualizaciones; los editores inteligentes generan flujos de trabajo que posibilitan que esto suceda.

Que ingresen los gestores de contenido

Comienzo mis talleres en las salas de redacción de todo el mundo con una pregunta: ¿Cuántos de sus subscriptores leen hoy su contenido en la plataforma más pequeña: el teléfono? A lo largo de cuatro continentes, el número generalmente oscila entre 65 y 85 por ciento. En rigor, esto es importante y revelador porque indica cómo los editores deberían transformar sus redacciones para convertirlas en operaciones de móvil primero.

EL GESTOR DE CONTENIDOS
¿CÓMO FUNCIONA EL PROCESO?

ACCESO AL PRIMER POST

SIEMPRE LISTO PARA ACTUALIZACIONES

POTENCIAL PARA EXPERIENCIAS INTERACTIVAS

EDICIONES IMPRESAS DIARIAS Y DE FIN DE SEMANA

– Guiando el flujo de la historia –

Esta transformación exige la presencia de un gestor de contenidos en la redacción tiempo completo. ¿Cuál es el papel del gestor de contenidos? En mi opinión, el gestor de contenidos es como un agente de tránsito propietario de historias que decide cómo se exhibirán de comienzo a fin.

¿Comenzamos con una notificación? ¿Cuáles son los componentes de las redes sociales para promover la historia? ¿Y las actualizaciones?

Por último, en una sala de redacción moderna, la historia

será discutida según su función en las distintas plataformas, incluyendo la impresa.

Pero no todas las historias precisan tener el componente impreso.

Caracterizo a las historias como de piernas cortas y piernas largas. Las historias con piernas largas pueden tener un componente impreso, y no necesariamente el mismo día en que aparecen digitalmente.

Más importante aún, y esto es clave para el éxito de las publicaciones en 2020, es el gestor de contenido quien trabaja con los periodistas y editores para analizar el potencial de storytelling lineal, móvil, y visual de las historias.

Leemos historias en móviles de forma diferente de cómo lo hacemos en forma impresa (este fue el tema de mis predicciones *Nieman Lab* para 2018, y hemos visto un aumento del número de historias narradas linealmente).

Cuando una historia se presenta de modo lineal, aparecen el texto narrativo y las imágenes.

Los gestores de contenido pueden tener distintos nombres, tales como editor asignado, o incluso "pilotos," un término preferido por los editores alemanes y escandinavos. Independientemente del nombre, la función es la de identificar contenido tempranamente en el proceso, trabajando con pequeños equipos que administren la historia a lo largo del día, y asegurándose de que las historias se actualicen regularmente de ser necesario.

Talleres con las historias

Con el surgimiento de los gestores de contenido, llega un concepto que también creo que será bastante popular en 2020: la idea de "talleres" de historias y no concentrarse en ediciones. Los editores y periodistas tradicionales están entrenados para el momento de cierre de edición – como en el diario de mañana, o el noticiario de la tarde.

En el entorno actual liderado por los dispositivos móviles, precisamos concentrarnos en historias y seguirlas durante el curso de un ciclo de noticias. No hay planificación de una edición como tal. Los gestores de contenido manejan de tres a cinco historias por vez, que es el motivo por el que las redacciones precisan capacitar tantos gestores de contenido como sea posible.

Sin duda, el gestor de contenidos es la persona clave para contratar, capacitar, y dar autoridad en la sala de redacción. Será difícil sostener que una redacción está en proceso de transformación sin que esta persona clave esté modificando el modo en que el contenido se selecciona y se presenta en un entorno noticioso de plataformas múltiples.

La sala de redacción moderna es donde la planificación gira en torno de las historias—no las ediciones. Todo comienza con el ambiente creado por los periodistas para "debatir" las historias.

Rebanando la sandía

Mis analogías siempre utilizan alimentos. Todos consumimos alimentos y tenemos ideas de cómo debería ser—los apetitosos, particularmente. Entonces, cuando hago un taller en una redacción y entusiasmo a los editores con debatir las historias, y abandonar la idea de la frecuencia típica de las ediciones, les pido que rebanen la sandía.

La sandía es el producto total. El filete cocido. La historia terminada y lista para partir. Pero en las redacciones actuales de móvil primero, no prestamos atención a la sandía completa. En cambio, la rebanamos. A menudo, comenzamos el storytelling largo antes de que la historia se complete. ¿Qué son las rebanadas de las sandías? Si deseamos ser más formales y académicos, rebanar la sandía es lo que Sara Wachter-Boettcher★ explica como "deconstruir lo construido" en la arquitectura de la información.

★ *Sara Wachter-Boettcher, Content Everywhere, Rosenfeld, 2013*

Los encargados de administrar las historias en la sala de redacción, los gestores de contenido, pueden establecer guías claras para la creación y la recolección de información disponible. Los buenos gestores de contenido piensan tanto en las partes de la historia que están produciendo como en el todo, el concepto de deconstruir para construir.

Vienen en una diversidad de estructuras de storytelling que les mostraremos aquí: notificaciones, newsletters, y entradas en redes sociales.

Podemos apelar a los sentidos

Las rebanadas de la sandía pueden ser todo texto, o texto y componentes visuales tales como una foto, o un video, o audio. Con las rebanadas podemos comenzar a apelar a los sentidos—mientras promovemos la historia.

Apelar a los sentidos hoy puede conducirnos en distintas direcciones, tales como un enfoque de realidad virtual en la historia que ubique al lector justo en medio de la acción. La realidad aumentada también es parte de la paleta móvil del narrador.

Storytelling – Ensayo

Tengo como objetivo presentarles distintas variedades de storytelling que puedan convertirse en las herramientas del gestor de contenido.

La historia ahora tiene piernas largas. Corre. Vuela. La mayoría de nosotros ingresó a esta profesión porque quería narrar historias. Esta es la mejor época para ser un storyteller ya que contamos con muchas plataformas para narrar dichas historias.

Los niños siempre escriben sus historias linealmente

Storytelling #1

ES INTUITIVO
COMBINAR
LO NARRATIVO
Y LO VISUAL
CUANDO NOS
COMUNICAMOS
VÍA MENSAJE
DE TEXTO.

Storytelling

Abra un libro de niños, o lea algo escrito por un niño, y verá que prevalece el uso de la narrativa y las imágenes. La misma logística funciona para el storytelling lineal. Es una de las principales diferencias entre el modo en que leemos en formato impreso y cómo lo hacemos en nuestros teléfonos. Revise sus últimos mensajes de texto y verá palabras e imágenes.

My friend Josh has a big cat named Hugo. This is Hugo, and he is a one-eye cat.

I like to play with Hugo. He likes to chase balls.

Observe cómo escribe un niño en la imagen de arriba. Mezcla su historia con lo visual, y ubica lo visual exactamente después de haber escrito sobre él.

Vea la historia de Winnie the Pooh en la próxima página.

The Story

Storytelling

Winnie the Pooh

One day when he was out walking, he came to an open place in the middle of the forest, and in the middle of this place was a large oak-tree, and, from the top of the tree, there came a loud buzzing-noise.

Analice sus propios mensajes de texto

Por favor, observe su último mensaje de texto con su mejor amigo.

— ¿Parece una narrativa larga?
— ¿O incluyó imágenes para transmitir el mensaje?

Vea un ejemplo del mío en la próxima página

The Story

Storytelling

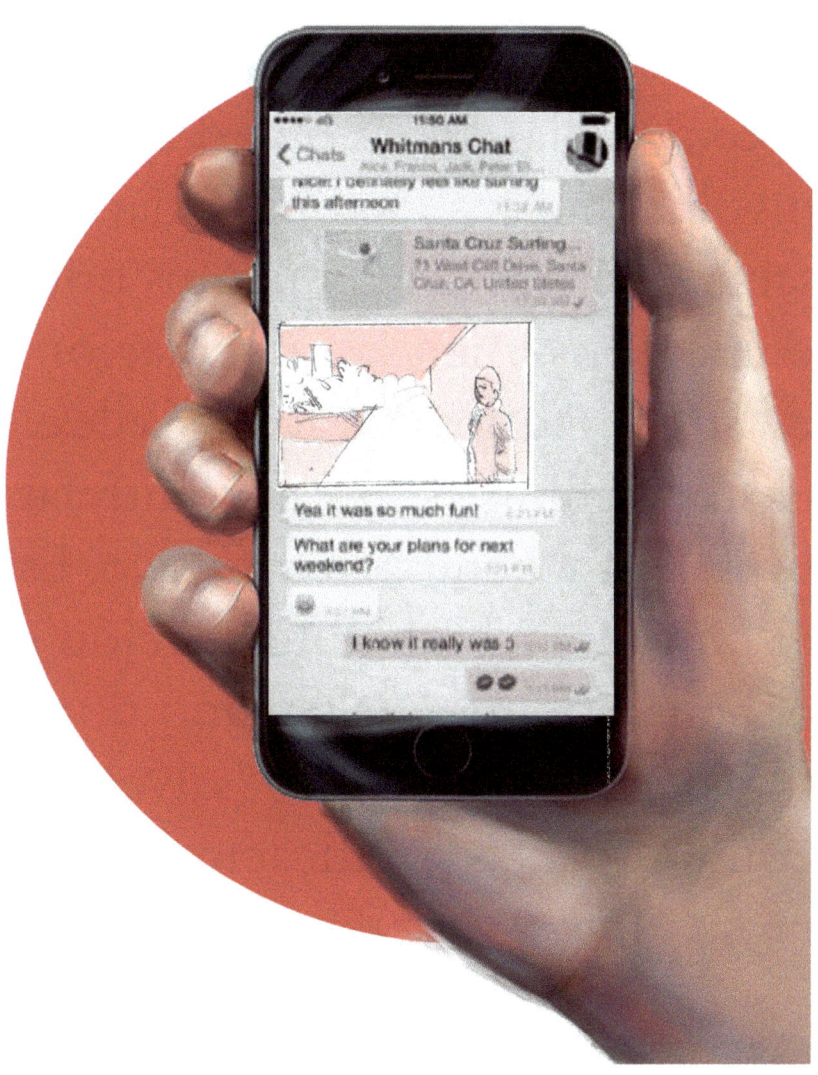

El storytelling es lineal

Es exactamente así como contamos historias; no todas las historias, pero aquellas en las que deseamos involucrar a los lectores y hacerles saber que nos preocupamos por cómo consumen la información en sus teléfonos. En los móviles, el storytelling es lineal, y entrelaza prosa e imágenes. Es intuitivo. Es el flujo normal de información en el lienzo de menor tamaño donde trabajan los periodistas (salvo que considere a las notificaciones push en su *Apple Watch*).

Tome un libro de niños y estudie cómo fluyen el texto y las imágenes. Es intuitivo de ver y contar. Si no lo convenzo, vea su último mensaje de texto en el teléfono.

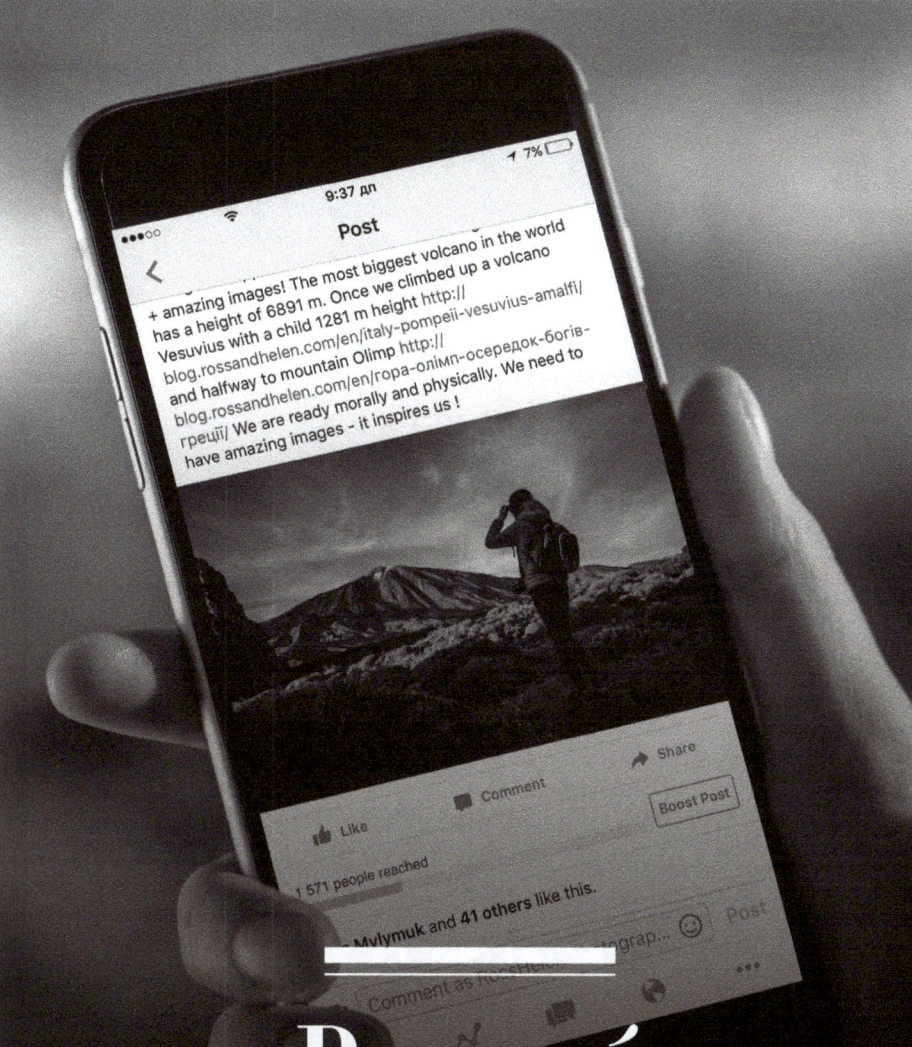

Post

+ amazing images! The most biggest volcano in the world has a height of 6891 m. Once we climbed up a volcano Vesuvius with a child 1281 m height http://blog.rossandhelen.com/en/italy-pompeii-vesuvius-amalfi/ and halfway to mountain Olimp http://blog.rossandhelen.com/en/гора-олімп-осередок-богів-греції/ We are ready morally and physically. We need to have amazing images - it inspires us !

Por qué storytelling lineal para el móvil

Storytelling #2

LOS LECTORES PREFIEREN DESPLAZARSE VERTICALMENTE EN UNA NARRATIVA CON IMÁGENES. PULGARES ARRIBA SIEMPRE.

Storytelling

En el corazón del periodismo móvil primero está la manera en que se escriben las historias. El nuevo modo implica un periodista que concibe su historia en una estructura lineal. Escribe siempre consciente de que la historia será lineal, y habrá un entramado de texto e imágenes, uno detrás del otro. Lo que puede sonar como una tarea difícil pronto se vuelve un ejercicio divertido que conduce a una escritura más visual.

Storytelling lineal

Llamamos a este tipo de historias historias lineales. Se mueven verticalmente hacia abajo preferentemente, aunque en una historia lineal también es posible moverse horizontalmente. Tal vez una definición más inclusiva sea que las historias lineales son una combinación de textos e imágenes, al perfecto unísono.

En este tipo de redacción, el periodista generalmente trabaja con un storytelling visual que respalda al modo en que las imágenes y los textos se combinan en la pantalla.

Analicemos una historia lineal

Ésta de The New York Times.
Un informe de Alepo, Siria,
Por Ann Barnard

Esta historia está escrita en primera persona. Note que lo principal es un video (un gif) y que el comienzo de las historia es "Hice este video…"

Vea la historia de Alepo
en la próxima página.

The Story

Storytelling

The New York Times

SUBSCRIBE NOW | LOG IN

My Journey Into Aleppo: Watching a Moonscape of War Turn Into a Functioning City

0:24
Riding Through War-Torn Aleppo

The Times reporter Anne Barnard took this video while on what often felt like a surreal bus ride in the Syrian city, where destruction gives way to a street of buses, open shops and apartments with laundry hanging from the balconies.

By Anne Barnard

Nov. 8, 2016

I took this video while on what often felt like a surreal bus ride through war-torn Syria. The video begins on the edge of the city of Aleppo, its western, government-held half. The area we drove through is all government held but has been intensely fought over, again and again, and has changed hands several times. The route we took

The Story

Storytelling

As you enter western Aleppo, everything seems so normal.

A street in western Aleppo, a side of the city controlled by the Syrian government where many shops are open. Anne Barnard/The New York Times

It looks like any city. Children are coming home from school. People are coming home from work. There are

Note que las referencias a una imagen aparecen **antes** de que la imagen aparezca.

The New York Times

of destruction here is not comparable to the rebel side, you can still see the ways that the entire city is being changed economically, socially, physically.

→ Back at my hotel, the Sahba, this photo shows what happened to the exterior of the building after years of shelling.

Our hotel in Aleppo. The boarded-up windows showed how frequently the building had been hit. Anne Barnard/The New York Times

When our group arrived at the hotel, most of us asked for

Nuevamente, note que las referencias a una imagen aparecen **antes** de que la imagen aparezca.

The Story

Storytelling

The New York Times

This particular trip was even more controlled by the government than reporters here usually are. We were herded through quick, planned stops. That allowed for almost no random chats with ordinary people.

0.16

Bustling Streets in Western Aleppo

Buses and taxis were a common sight in the government side of the city.

I took this video while we drove past Aleppo University. One of the things so striking about life in war-torn cities is that you see the rhythms of normal life. I saw children still going to school in their little uniforms and hairdos, still running and laughing.

Schools have been bombed in the conflict, and children have been killed, 14 of them by government airstrikes recently in rebel-held Idlib Province and three more by

Un video breve aparece en medio del texto. Los videos que mejor funcionan duran 30 segundos como máximo.

The Story

Storytelling

The New York Times

One thing that was new to me were these little kiosks lining all of the sidewalks, selling cigarettes or snacks. Some were painted with a Syrian flag or had a United Nations tarp over them, like this one below. To receive a permit to set up a kiosk, you need to have someone in your family who was killed while fighting for the army, or you have to have been displaced from the old city souks, or markets.

A kiosk in Aleppo covered by a United Nations tarp.
Anne Barnard/The New York Times

Note **el párrafo arriba de la imagen**, refiriéndose específicamente a ese kiosco.

Note que **el movimiento es totalmente vertical** y lineal al desplazarse el lector por la historia.

Preferencia por lo vertical

A propósito, probablemente valga la pena mencionar que en las observaciones de nuestros grupos focales con clientes, notamos que más del 98% de los que leen noticias en sus teléfonos, los mantienen en modo vertical, no en modo horizontal. Me atrevería a decir que se prefiere el movimiento vertical al lateral, aunque ambos pueden funcionar y dependerá de los que creen la navegación asegurarse de que el usuario sepa qué hacer una y otra vez.

El teléfono inteligente no es un diario, radio, televisión o película. Sin embargo, para los propósitos del storytelling, tiene elementos de todos ellos.

Digital vs. Impreso
Patrones de lectura

Storytelling #3

EL LIENZO
DEL MÓVIL
ES PEQUEÑO.
PREFERIMOS
DESPLAZARNOS
VERTICALMENTE.
EL IMPRESO
ES RECTANGULAR,
PERMITE QUE
SE ABSORBA MÁS
INFORMACIÓN
POR VEZ.

The Story

La diferencia entre cómo leemos en una página impresa y en la pantalla de un teléfono es llamativa. En la página impresa, de mayor tamaño, nuestros ojos hacen un gran reconocimiento de terreno antes de detenerse en las historias que le interesan. La pequeña pantalla de un teléfono tiene muy poco espacio para transmitir las diversas señales que nos llevarán a saber sobre el contenido de la historia antes de comenzar a leer.

Cuando leemos en formato impreso primero observamos el titular y las fotos y luego leemos el texto.

Cuando leemos revistas, o periódicos en formato tabloide, rastreamos dos páginas por vez. Primero observando las fotos y luego el texto.

Patrones de lectura

El storytelling lineal es totalmente vertical; cuando leemos en formato impreso, el ojo se mueve diagonalmente en la página.

80%
de las historias que
leemos en dispositivos
móviles fueron
preparadas para ediciones
impresas, o quizá para
consumo digital. Esa es
mi observación basada en
mi trabajo de consultoría
y mi participación en
conferencias en todo
el mundo.

No todas las historias serán lineales

Por supuesto, no es posible manipular cada historia para que tenga una edición móvil y una impresa. Pero es ahí donde los gestores de contenido tienen un papel clave: decidir qué historias merecen tener su propio tratamiento móvil.

El primer prerequisito para convertirse en una historia lineal: el potencial gráfico. ¿Cómo puede potenciarse la historia con elementos visuales: fotos, videos, o gráficos?

Lo impreso y lo digital tienen tantas estrategias en común que preveo el día en que comencemos a ver algún tipo de narrativa lineal en las páginas de un diario.

Un catálogo de historias lineales

Storytelling #4

LOS VÍNCULOS A LAS HISTORIAS ELEGIDAS AQUÍ REPRESENTAN UN BUEN CATÁLOGO DE TEMAS DONDE EL STORYTELLING LINEAL HACE LA DIFERENCIA.

¿Qué tipo de historias tiene más probabilidades de conseguir mayor número de lectores en la pantalla? La respuesta es distinta para cada sala de redacción. Sin embargo, me detuve a observar la investigación y hay ciertas clases de historias que no solo atraen más atención, sino que también es más probable que los usuarios saquen sus billeteras para pagar por el contenido. Echémosle un vistazo a estas ultimas.

¿Qué sucede con las historias lineales?

1. Ensayo fotográfico

2. El seguimiento de noticias

3. El gráfico explicativo

4. El reportaje

5. La investigación

6. La primera persona

Estas son algunos de los tipos de historias donde el tratamiento lineal las tornó más potentes y atractivas.

The Story

Storytelling

Ensayo fotográfico
— *Historia lineal* —

Storytelling

The New York Times

Daniel Arnold for The New York Times

This was the big moment where this couple stepped out as newlyweds and were greeted with confetti. "There are so many different brides passing through, so many marriages happening a day and so many of these mini on-the-street receptions that you get a crazy collage of all these different kinds of confetti on the ground: rose petals, glitter, sparkly stars, paper."

The New York Times

The New York Times

mentary patterns of the women's head
the marbled side of the building caught Mr.
e, as did the humor in this moment. "Any time
ople sharing one slot in a revolving door, I
e a picture," he said.

The Story

Storytelling

Daniel Arnold for The New York Times

"These little trash tornadoes" are a common sight in New York, Mr. Arnold said, but at City Hall the trash is "beautifully selected rose petals, confetti and sparkles instead of newspapers and plastic bags. You get this wind tunnel of shiny flowery things."

Daniel Arnold for The New York Times

The New York Times

The back of this woman's jacket said "Till Death Do Us Party." Mr. Arnold described this man and woman as one of the hipper, more fashionable couples he saw during his month. "There was something really nice about the detail of her pierced septum and her cigarette and her high-cut dress and leather jacket," he said.

Taxi's flower stand, Mr. Arnold was struck by [...] was dressed up in a tiered white dress and [...] amorous as the bride and the bridesmaid are, [...] l is kind of outdoing both of them," he said. [...] oman walked into the courthouse, the [...] er said, "Good luck."

[...] m going to need it," she said.

Continue following our fashion and lifestyle coverage on Facebook (Styles and Modern Love), Twitter (Styles, Fashion and Weddings) and Instagram.

A version of this article appears in print on June 11, 2017, Section ST, Page 4 of the New York edition with the headline: New York City Clerk's Office. Order Reprints | Today's Paper | Subscribe

The Story

Storytelling

El seguimiento de noticias

— Historia lineal —

Parkland: A Year After the School Shooting That Was Supposed to Change Everything

Those at Marjory Stoneman Douglas High School knew their lives would be transformed by the massacre. Many had no idea of the many ways that would happen.

By Patricia Mazzei   Photographs by Eve Edelheit

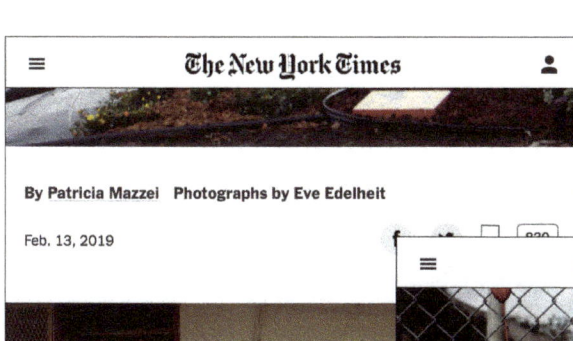

By Patricia Mazzei   Photographs by Eve Edelheit

Feb. 13, 2019

PARKLAND, Fla. — The name "Parkland" has become a shorthand for the tragedy that many hoped would mark the beginning of the end of school massacres.

But ask the survivors of the shooting at Marjory Stoneman Douglas High School in more quiet moments about the awful year since last Feb. 14, and they tell you a different, more personal story. About innocence lost. Dreams undone. Grief delayed.

There's the boy who took five bullets to protect his classmates. A hero, the headlines proclaimed. He wanted to be a professional soccer player. "Now I don't do anything," he said.

There's the young woman who tells people about her best friend, because if she calls him her boyfriend, it doesn't seem sufficient to convey what they were. Soul mate: That's what he'd told her she was to him. Told her before

The Story

Storytelling

alumnus-turned-activist explained it, "We just had so much going on."

These are their stories, in their own words.

Anthony Borges, 16

The five bullet wounds he took as he barricaded a classroom door to protect other students have healed, remarkably. But his recovery is far from over. And the prospect of being asked to testify in court looms in the future.

I haven't gone back to school because I haven't seen a change. The security failed. They need to put in metal detectors. I am being home-schooled. But I would like to go to another school someday.

People ask me what happened, what made me do what I

e a deposition in the criminal case. The rneys asked me about the death penalty. I inst it. I've always thought that, because that in. I am not God to take someone's life.

Anna Crean, 16

Now a sophomore, she was inside the freshman building where the shooting [took place]. Her lab partner, Alyssa Alhadeff, was killed. So were two of her creative-writing classmates. During the interview, loud squawks from birds flying overhead made her jumpy.

When I was in seventh grade, a teacher told us Parkland

The Story
Storytelling

Lt. Nicholas Mazzei, 46, and Capt. Brad Mock, 43

The Coral Springs police officers — who have been friends for more than 25 years — were among the first emergency personnel to enter the freshman building. Their counterparts at the Broward Sheriff's Office were criticized for failing to try to confront the gunman.

LIEUTENANT MAZZEI: What we had to walk into, what we lived through, what we saw — it was overwhelming. When you're in there, you don't realize the magnitude of it. Then, obviously, sleep became an issue. I went to go fishing, and it was too much down time. I just remember

CAPTAIN MOCK: It helped me, having conversations with kids and teachers that I couldn't have in the building.

LIEUTENANT MAZZEI: Not a single day goes by that

Tori Gonzalez, 18

She's a senior whose boyfriend, Joaquin Oliver, known as Guac, was killed in the shooting, months before he was expected to graduate. Only in December did she take what

The Story

Storytelling

El gráfico explicativo

– Historia lineal –

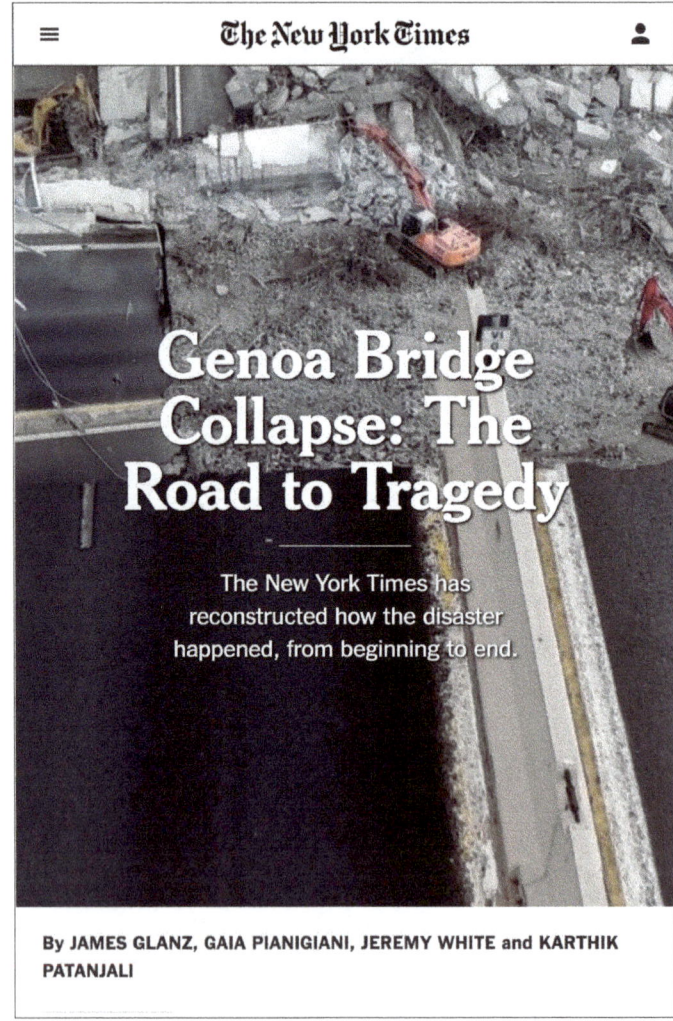

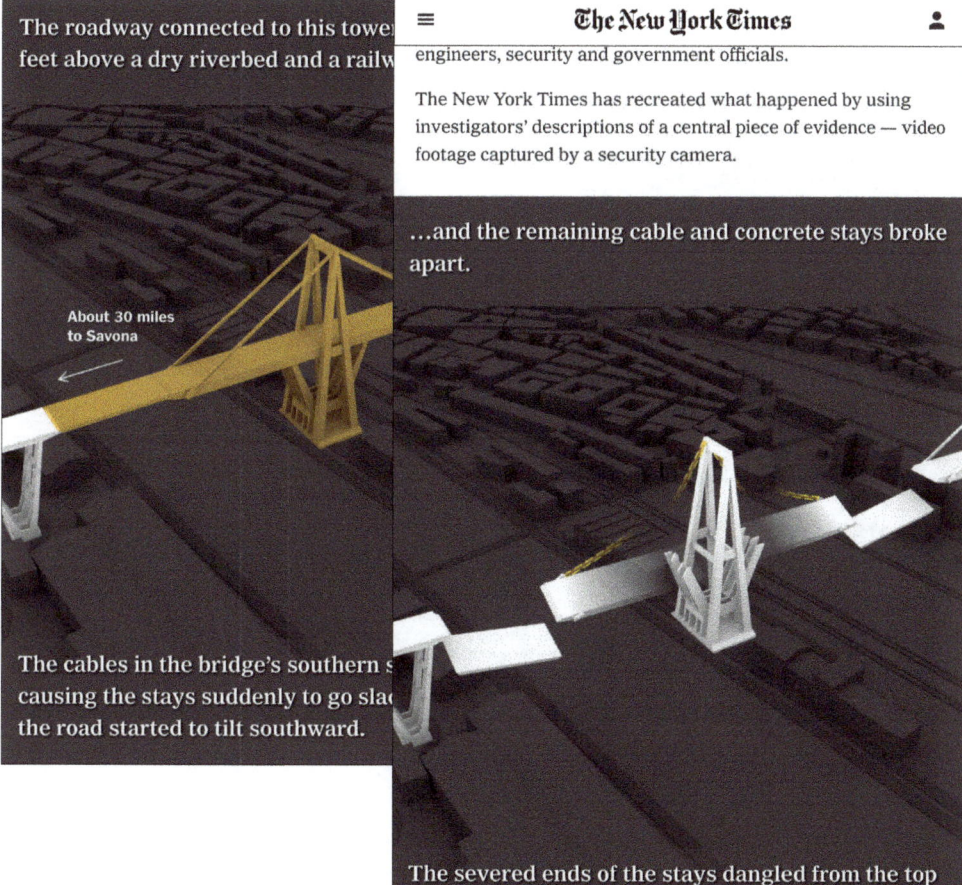

The Story

Storytelling

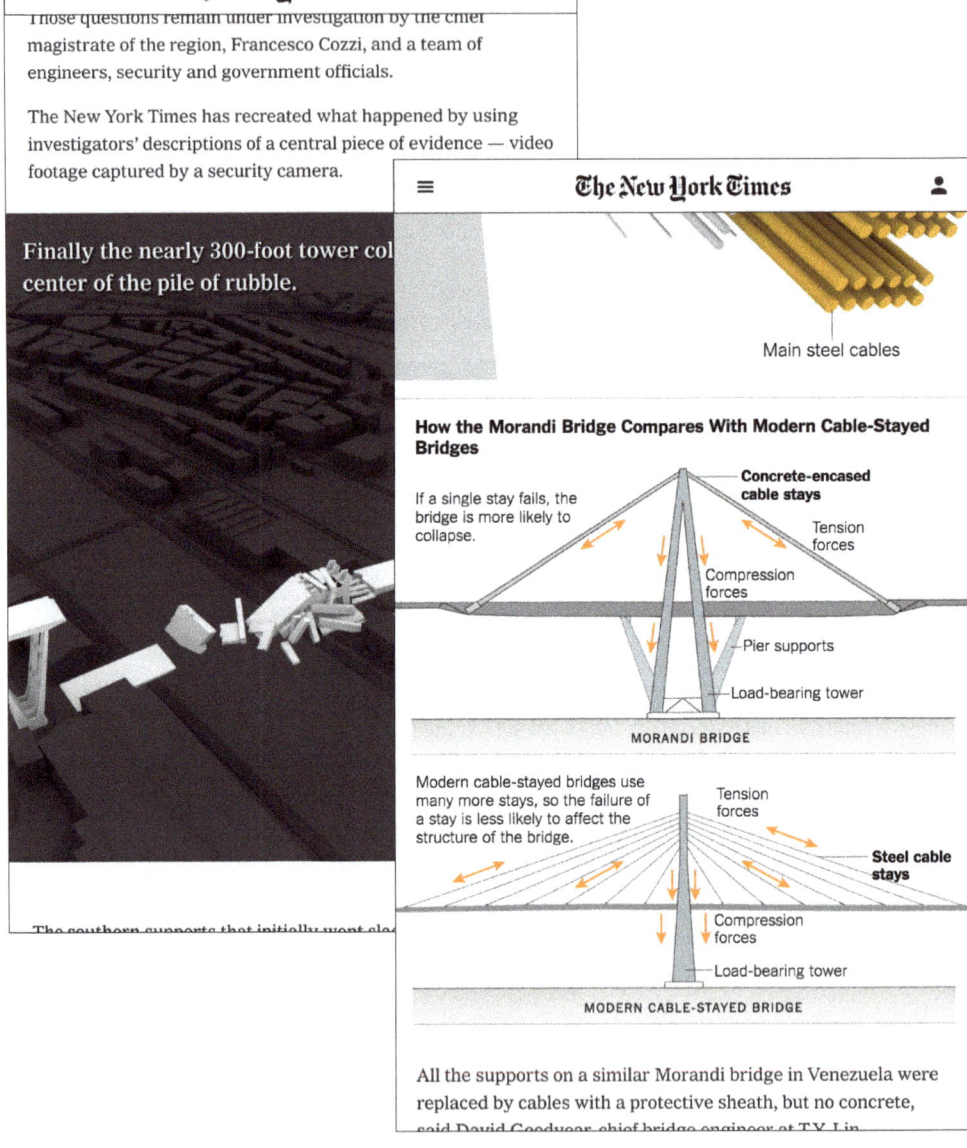

The Story

Storytelling

When it comes to bridges, Professor Gentile is the closest thing to a musician that exists among structural engineers. He listens to the sounds that bridges make.

From those sounds, he determines whether the bridges are safe. Placing small devices at various points, he ha[s]
tests on some 300 bridges around the world.

Each part vibrates much like a guitar string:
element, like a tighter string, produce higher
bigger elements, like thicker strings, produce

The stays on the east side of the Morandi Bridge were r[e]
cables in the 1990s. No such work was done on the stay[s]
Nadia Shira Cohen for The New York Times

'It Was a War Scene'

Once the roadway dropped out from under him, Mr. Capello had no idea how long he fell. Or how far.

He thought he was surely dead, he told The Times in an interview.

The fall shattered his rear window. He touched his head and his neck, feeling for blood. He checked his hands, too. His seatbelt, still fastened, was brushing against his neck. He was all right, but needed help.

Outside, the rain was incessant, creating a slick mess. One truck from the bridge had landed on the road underneath, blocking traffic. The hundreds of water bottles it had been carrying were scattered everywhere.

Davide Capello, a firefighter, who survived the collapse. "As I walked, I looked

The Story

Storytelling

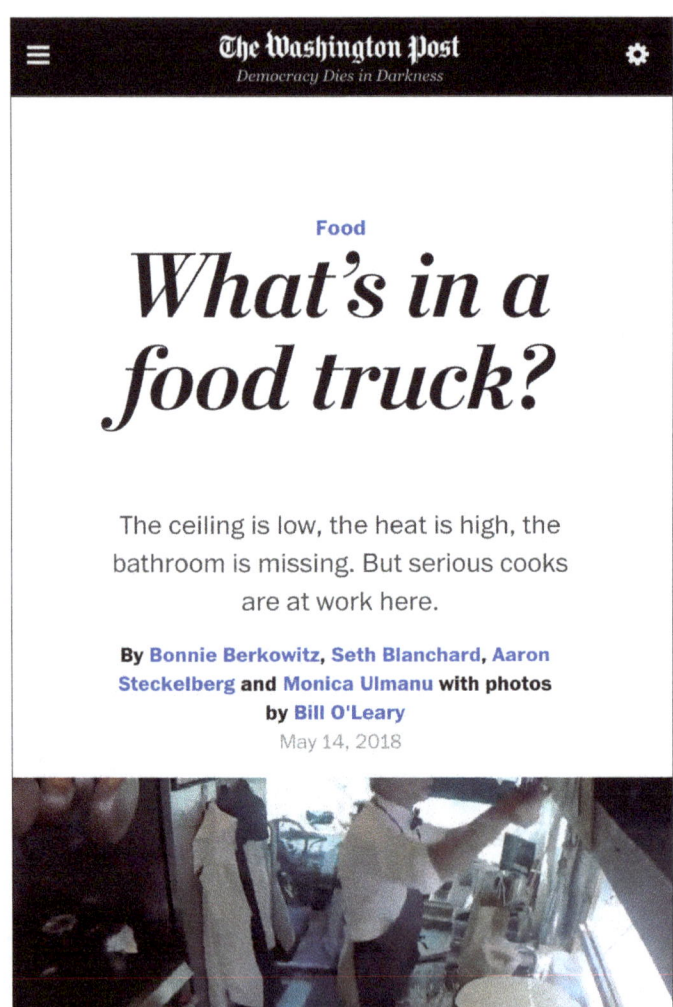

The Washington Post

Democracy Dies in Darkness

Food

What's in a food truck?

The ceiling is low, the heat is high, the bathroom is missing. But serious cooks are at work here.

By **Bonnie Berkowitz**, **Seth Blanchard**, **Aaron Steckelberg** and **Monica Ulmanu** with photos by **Bill O'Leary**

May 14, 2018

The Story
Storytelling

Lunch rush in Crepes Parfait. Trucks typically aim to serve about 50 meals an hour. (Seth Blanchard/The Washington Post)

*F*irst of all, no matter what you think there, there's probably more. Most food trucks — at least the ones speci enough to make it into your regular lunch ro are operated by serious foodies whose wheel restaurants roam more than 300 U.S. cities of a $2.7 billion industry. They're often vete who are used to the amenities of commercial kitchens or entrepreneurial home cooks who demand the perfect tools.

None of these folks are willing to compromis equipment, even if it all has to fit, Tetris-like the space of a large minivan.

Before a new food truck owner can shop for the perfect griddle or pizza oven, they have to figure out how much room is left after they pencil in the equipment required by their jurisdiction.

These basic requirements are similar around the country, according to Jason Tipton, co-owner of East Coach Mobile Business Launchpad, which has outfitted more than 400 food trucks in his Manassas shop over the past decade.

Keep scrolling to see what is mandatory in the District, home to about 450 food trucks:

A refrigerator big enough to hold a day's food at 41 degrees F or below.

A freezer big enough to hold food for one day at 0 degrees or below.

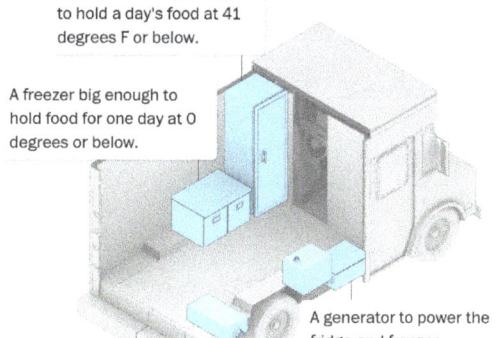

A generator to power the fridge and freezer.

The Story

Storytelling

Family biz and a pasta boiler

Nearly four decades ago in Colombia, the daughter of an Italian pasta-factory owner fell in love with a chef-to-be. Three grown kids later, the family business is wrapped up in a black-and-yellow truck with a (trademarked) spaghetti logo and a play on the matriarch's name: Tempo di Pasta — "pasta time."

...ift, and of course, the pasta boiler.

...he couple's son, Joseph Peña Tempo, also a ...gles entrees in five saute pans at a time. ...r Stephany Peña Tempo takes orders, ...the finances and serves as her brother's ...ontrol manager. Their sister, Angela Peña ...is in charge of marketing and catering. ...Peña, the patriarch, is in charge of ...ns, and Mom, well ...

...rying to make a fancy Italian restaurant — ...wine," says Joseph. As a "cook-to-order" ...mpo di Pasta serves food made from ...while a customer waits. ("Hot-and-hold" ...e usually less complex inside because food ...d off-site in a commissary kitchen.)

...pasta cooker is located next to the grill so that nearly all the cooking is done in the same corner of the truck.

The Story

Storytelling

The Washington Post
Democracy Dies in Darkness

A niche and the perfect cast-iron disks

Mounir Elhilali, a Morocco native who spent a lot of time with family in France as a child, had been a chef for 17 years in the United States when he and former restaurant manager Robert Catanuso decided to jump on the surging food truck wave. As they tossed around ideas, they noticed something. Or rather a lack of something. "Crepes the way they are done in France, you can't find them here," Elhilali said.

Mounir Elhilali, left, and Robert Catanuso try to look as authentic

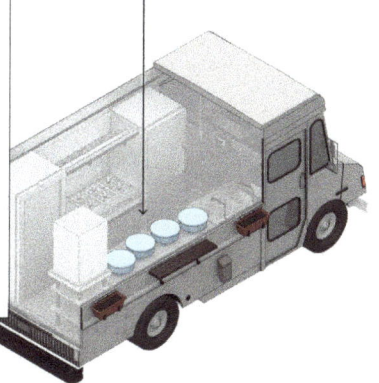

The Washington Post
Democracy Dies in Darkness

eat flour that is the signature of savory repes. And the cooking was all wrong. houldn't be flung around in a uniform swirl, but painted on and distributed carefully middle.

ur crepe makers are lined up in the truck's long, cing window, allowing customers to watch their food repared.

So when the Crepes Parfait truck launched in 2012, its focal point was four 16-inch, cast-iron crepe makers imported from France and arrayed like a drum kit in front of Elhilali

La investigación

— Historia lineal —

President Trump entering the House chamber to deliver his State of the
Union speech this month. Mr. Trump has attacked the law enforcement
apparatus of his own government like no other president in history.
Doug Mills/The New York Times

Intimidation, Pressure and Humiliation: Inside Trump's Two-Year War on the Investigations Encircling Him

President Trump's efforts have exposed him to
accusations of obstruction of justice as Robert S.
Mueller III, the special counsel, finishes his work.

By Mark Mazzetti, Maggie Haberman, Nicholas Fandos and
Michael S. Schmidt

The Story

Storytelling

The New York Times

Michael S. Schmidt

Feb. 19, 2019   f   𝕏   🔖   [2418]

WASHINGTON — As federal prosecutors in Manhattan gathered evidence late last year about P[resident Trump's] role in silencing women with hush paym[ents during the] 2016 campaign, Mr. Trump called Matthe[w G. Whitaker,] his newly installed attorney general, wit[h a question. He] asked whether Geoffrey S. Berman, the [United States] attorney for the Southern District of Nev[York and a] Trump ally, could be put in charge of the [Manhattan] investigation, according to several Amer[icans with] direct knowledge of the call.

Mr. Whitaker, who had privately told ass[ociates that part] of his role at the Justice Department was [to "jump on a] grenade" for the president, knew he coul[d not put Mr.] Berman in charge because Mr. Berman h[ad already] recused himself from the investigation. T[he president] soon soured on Mr. Whitaker, as he often[did with his] aides, and complained about his inability [to pull levers at] the Justice Department that could make[his] many legal problems go away.

Trying to install a perceived loyalist atop [a criminal] inquiry is a familiar tactic for Mr. Trump[, who has been] struggling to beat back the investigation[s that have] consumed his presidency. His efforts ha[ve exposed him to] accusations of obstruction of justice as R[obert S. Mueller] III, the special counsel, finishes his work [investigating] Russian interference in the 2016 election[.]

Mr. Trump's public war on the inquiry ha[s]

[Tr]ump, as well as a review of confidential White House documents, reveal numerous unreported episodes in a two-year drama.

Matthew G. Whitaker, the former acting attorney general, is now under scrutiny by the House for possible perjury.
Tom Brenner for The New York Times

White House lawyers wrote a confidential memo expressing concern about the president's staff peddling misleading information in public about the firing of Michael T. Flynn, the Trump administration's first national security adviser. Mr. Trump had private conversations with Republican lawmakers about a campaign to attack the Mueller investigation. And there was the episode when he asked his attorney general about putting Mr. Berman in charge of the Manhattan investigation.

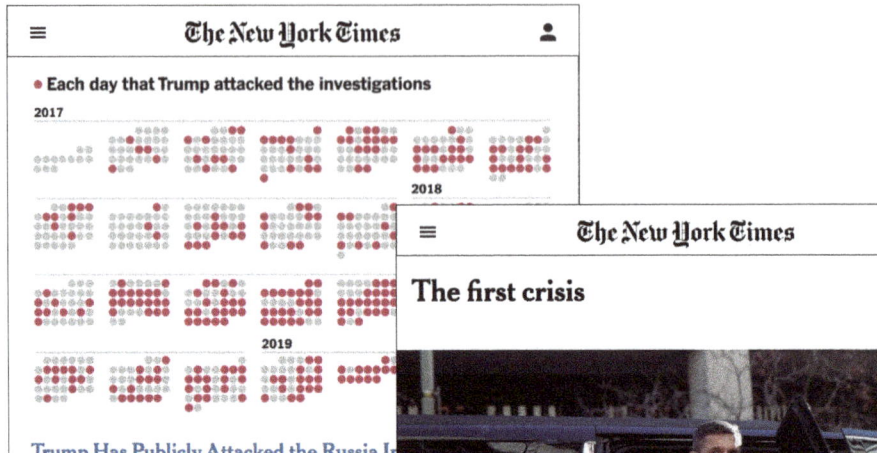

The New York Times

● **Each day that Trump attacked the investigations**

2017

2018

2019

Trump Has Publicly Attacked the Russia In...
Than 1,100 Times

President Trump has publicly criticized federal i...
opening him up to possible obstruction of justice

Julie O'Sullivan, a criminal law professor...
University, said she believed there was a...
evidence that Mr. Trump had the "corrup...
derail the Mueller investigation, the lega...
obstruction of justice case.

But this is far from a routine criminal inv...
said, and Mr. Mueller will have to make j...
the effect on the country of making a cri...
against the president. Democrats in the...
they will wait for Mr. Mueller to finish his...
making a decision about whether the pre...
warrants impeachment.

The New York Times

The first crisis

Mr. Trump tried to shape the narrative around the resignation of his first
national security adviser, Michael T. Flynn.
Tom Brenner for The New York Times

The investigation into Russian interference in the 2016
election and whether the Trump campaign aided the
effort presented the new White House with its first crisis
after only 25 days. The president immediately tried to
contain the damage.

It was Feb. 14, 2017, and Mr. Trump and his advisers were
in the Oval Office debating how to explain the resignation
of Mr. Flynn, the national security adviser, the previous
night. Mr. Flynn, who had been a top campaign adviser to
Mr. Trump, was under investigation by the F.B.I. for his

The Story

Storytelling

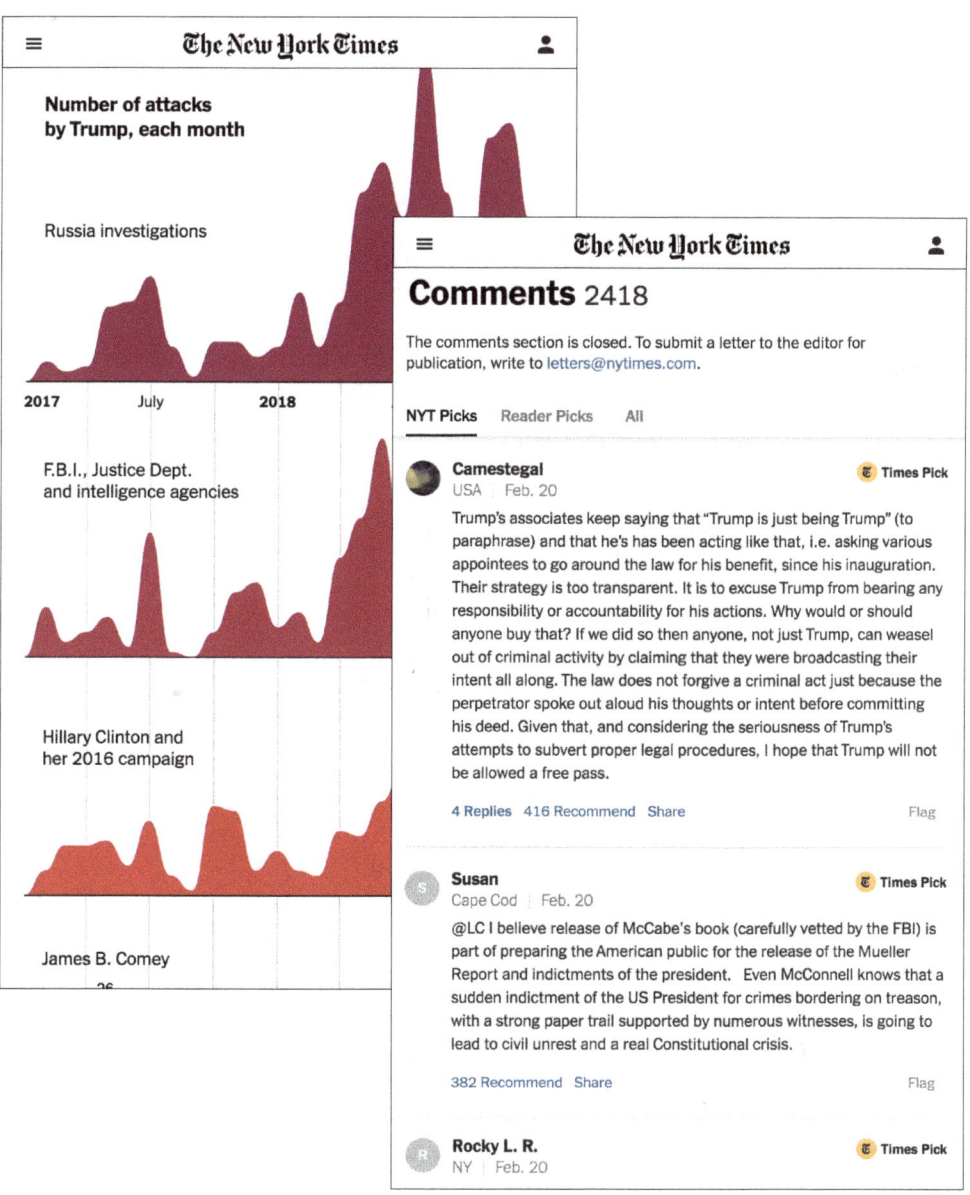

La primera persona

– Historia lineal –

The Story

Storytelling

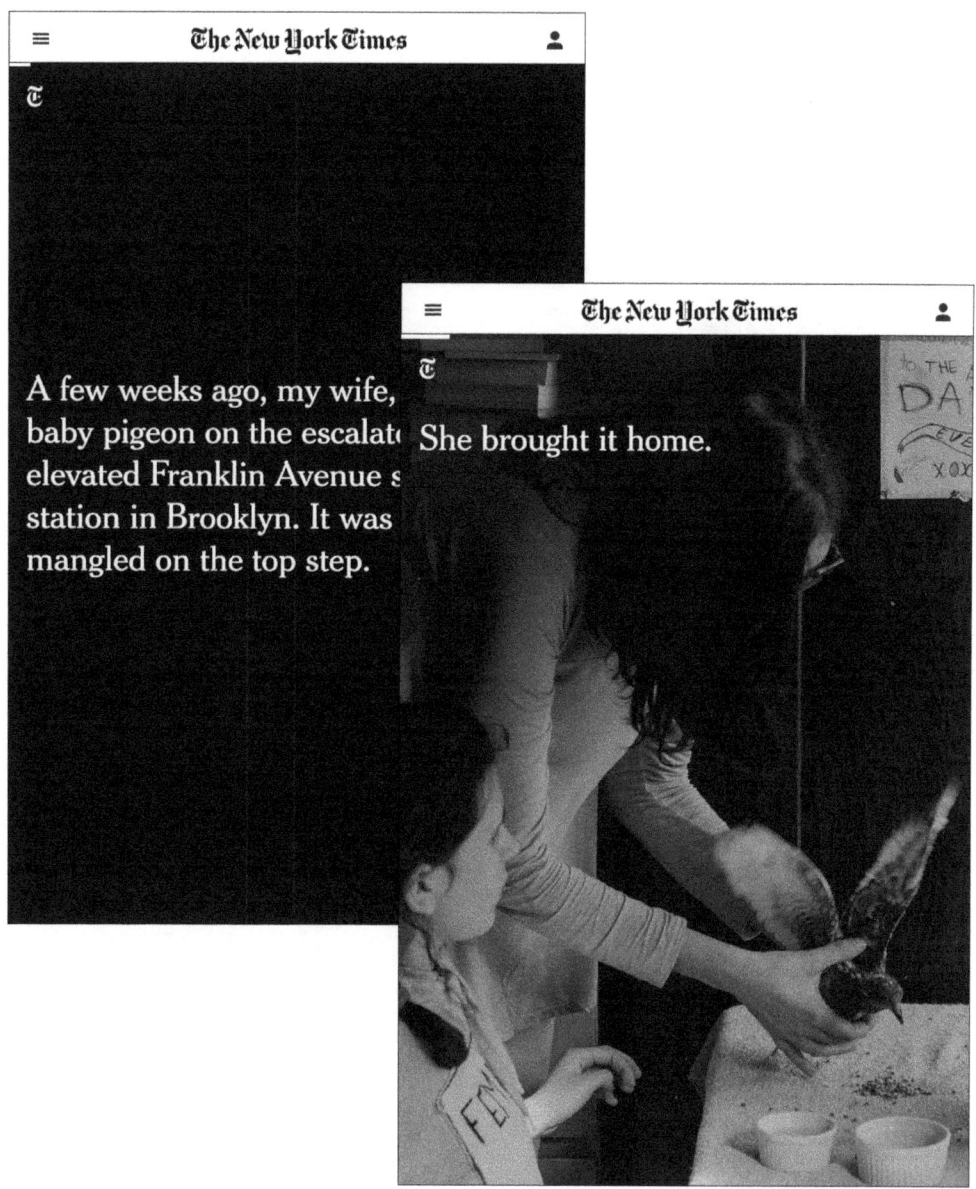

The New York Times

A few weeks ago, my wife, baby pigeon on the escalat elevated Franklin Avenue s station in Brooklyn. It was mangled on the top step.

The New York Times

She brought it home.

The Story

Storytelling

The Story

Storytelling

¿Qué tienen estas historias en común?

—Todas tienen un buen potencial visual.

—Todas tienen titulares que nos seducen a que leamos más.

—Todas atrapan al lector, lo mantienen desplazando el dedo y avanzando por la historia a través de palabras y componentes visuales.

—Todas retienen al lector más tiempo no solo con la historia específica, sino lo llevan también a leer una segunda historia.

Qué es lo que sabemos sobre la conducta del usuario con el storytelling lineal

Mis clientes en *Südkurier*, el diario regional del sur de Alemania, me informan que cuando las historias se cuentan de manera lineal, el nivel de retención está por encima de 64%, los usuarios permanecen más tiempo en el sitio y leen más. En general, los lectores permanecen en esas historias alrededor de 143 segundos. El test de *Südkurier* se basa en 142 historias lineales desde que comenzó nuestro proyecto *SHIFT* hace 12 meses.

Nota-

En el grupo **NOZ Digital** de Hamburgo, los resultados son casi idénticos, pero con algunos datos extras.

Hallazgos similares en Hamburgo

Aquí, el test, con menor número de historias, ya que el proyecto aún está en marcha, mostró que hay una retención de lectores superior a 65,9% cuando la historia se presenta de modo lineal y visual. Sin embargo, también es significativo que los lectores que leen una historia lineal muy probablemente permanezcan leyendo una segunda historia. Según la investigación de *NOZ Digital*, generalmente, 42% de todos los lectores terminan de leer luego de un artículo, pero aquéllos que leen una historia lineal parmanecen más tiempo, y 34,1% abandonan.

64%

Mayores niveles de retención
de usuarios cuando las historias
se narran en formato lineal
según *Südkurier*

65,9%

Mayores niveles de retención
de usuarios cuando las historias
se narran en formato lineal
según *NOZ Digital*

(Investigación interna: Südkurier,
NOZ Digital)

Lista de verificación para una buena historia lineal

Siempre estoy en busca de historias narradas linealmente. Es el mejor modo de aprender sobre este nuevo modo periodístico para el storytelling. Analizo las historias en todos sus detalles: ¿Es bueno el titular? ¿Qué se incluye en la pantalla principal? ¿Cómo se seduce al usuario? ¿Cuántos componentes visuales se usan? ¿Todos los elementos visuales sirven para hacer avanzar la historia? ¿Cómo se lee el texto que conduce al componente visual?

~

Cualquier tipo de historias se puede narrar en estilo lineal. Pero no todas las historias tienen el componente visual necesario para hacerlas efectivas. Si hay audio, video, y fotos, las probabilidades son mayores.

~

Componentes
visuales
Storytelling #5

UN COMPONENTE
VISUAL DENTRO
DE UNA HISTORIA
LINEAL ES TODO LO
QUE NO ES TEXTO.
FOTOS.
VIDEOS.
CITAS.
GRÁFICOS.
CAPTURAS
DE PANTALLA.

Storytelling

Los activos visuales existen en diversas formas. Recuerdo cuando en las redacciones centradas en la plataforma impresa todo lo que no era texto se denominaba "arte". «¿Qué arte tiene para ese artículo sobre granjas?» gritaba un editor. Los componentes visuales son arte, por supuesto. Las historias lineales dependen de lo visual para potenciar el contenido.

5 to 6
componentes visuales

Ese es el número que parece ser el adecuado para una historia lineal. Por supuesto, hay excepciones. Si el objetivo de una historia lineal es un ensayo fotográfico, entonces se recomendian más componentes visuales.

¿Es correcto mezclar dentro de una historia lineal componentes visuales, tales como fotos y videos?

Tenga cuidado cómo mezcla los componentes visuales

No hay reglas escritas acerca de cómo mezclar componentes visuales. Vemos fotos y videos que funcionan bien juntos.

Tiendo a preferir poca mezcla. Me gusta cuando es solo fotos o solo videos.

Pero es una cuestión de preferencia. Use la cautela y recuerde limitar el número.

Nota–

A los lectores de móviles parece gustarles las capturas de pantalla de las redes sociales, especialmente los Tweets, que contribuyen a avanzar en la historia. Pero asegúrese de no repetir en el texto lo que acaba de mostrar lo visual.

Distribuya esos elementos en capas

Un pequeño recordatorio: las reglas de una buena redacción y edición se aplican a un storytelling lineal y a todas las presentaciones en móviles.

Hagamos énfasis en el "sistema de capas de edición."

Cada elemento contribuye a mejorar la historia y no hay repeticiones.

¿Qué es la edición por capas?

Significa que cada elemento de un titular, un extracto, las primeras líneas de un artículo, o un gráfico es independiente y evitamos las repeticiones.

Este es uno de los conceptos que ha funcionado conmigo más allá de la plataforma en la que esté trabajando. Es práctico editar por capas. Sin embargo, en redacciones móviles, donde el equipo es clave, usted debe tener buena comunicación con aquéllos a cargo de la historia para evitar repeticiones.

Tenga en cuenta a su audiencia

Si una etiqueta en su titular dice "apagón," no use esa palabra en el titular, y, por supuesto, no la repita en el extracto de la historia.

Lo mismo aplica para el uso de los componentes visuales. No utilice recursos visuales que no contribuyan a mejorar la comprensión de la historia.

Editar para dispositivos móviles exige la gente más inteligente que sea consciente de la velocidad a la cual esos sofisticados usuarios se desplazan a través del contenido.

Notificaciones push

Storytelling #6

LAS NOTIFICACIONES PUSH SON POR LO GENERAL CÓMO LAS HISTORIAS SE DAN A CONOCER, LA PRIMERA REBANADA DE LA SANDÍA QUE ATRAE A LOS LECTORES AL CONTENIDO.

The Story

Storytelling

Las notificaciones push producen tráfico y brindan mayor visibilidad a las historias. Deben ofrecer sustancia a la historia, ya que muchos lectores no pasarán a leer la historia completa, y la notificación tal vez sea todo lo que lean de ella. Las notificaciones push son una especie de sentinelas de las historias. Arrojan un poco de luz en un tema para alertarnos de su existencia.

Notificaciones push que funcionan

Hay ciertas estrategias que pueden usarse para lograr que las notificaciones sean efectivas.

BF News 3m ago
"Excuse me, I'm talking": Sanders got testy with Clinton in tonight's Democratic debate. BuzzFeed News has the recap.

A los usuarios les gusta contexto en sus notificaciones, como en el ejemplo de *Buzz Feed*.

El editor de notificaciones push

Eric Bishop, a quien describo como el "editor de notificaciones push" de *The New York Times*, dice que las notificaciones son un trabajo de equipo.

Eric visitó mi clase en la *Universidad de Columbia*, y esto es lo que piensa sobre las notificaciones push...

«Hay una evolución de tono y estilo en la notificación, pero ha habido un cambio—de puro titular a un agregado de contexto, e incluso emojis—y las organizaciones de noticias están asumiendo un tono más conversacional en sus notificaciones.»

Eric Bishop – The New York Times

"Contenido agregado"

Las palabras clave aquí son "contenido agregado", lo que denomino dar sustancia a la historia. Siempre pienso que una notificación debería darnos el 1-2-3 de la historia: tres elementos que ofrezcan suficiente información para seducirnos a su lectura.

No hay nada nuevo aquí, especialmente si observamos cómo *The Wall Street Journal* siempre lo ha hecho, mucho antes de que existiera el periodismo digital.

14.4 pt.
4.8 pt.

Glass Floor

24 pt.

How Colleges

24 pt.

Reject Applicants—

24 pt.

Boost Their Status

9.6 pt. |← 57.5 pt. →| |← 40 pt. →| |← 57.5 pt. →|

21.6 pt.

Accepting Only the Students

18 pt. ← 18 pt. → indent

Likely to Enroll Makes

18 pt.

A School Look Selective

9.6 pt. |← 64 pt. →| |← 27 pt. →| |← 64 pt. →|

21.2 pt.

'They Were Simply Too Good'

9.5 pt. |← 64 pt. →| |← 27 pt. →| |← 64 pt. →|

17 pt.

By DANIEL GOLDEN

19.2 pt.

When it came to choosing next year's
freshman class at Franklin and Marshall

Wha

* * *

Business and Fin

THE FED CUT short-te
terest rates by one-ha
centage point to 2.0%, ma
the 10th such reduction so
year. The surprise move h
bonds and sparked a rally
Blue chips, which rose 1.2
8950.59. Fed officials, und
for failing to respond deci
to Wall Street's slide after
Sept. 11 terrorist attacks,

Dándole substancia a la historia

Cuando rediseñé *The Wall Street Journal*, me recordaron gentilmente que este modo de presentar historias—a través de una serie creciente de titulares—lo creó hace más de ocho décadas un editor que, al darse cuenta de que los lectores de negocios eran gente ocupada, diseñó un sistema para potenciar la historia, que ofrecía capas de ideas, de tal modo que si los lectores solo podían leer el titular, iban a tener una idea de qué se trataba.

¡Qué visionario!

Por qué notificaciones push

Visité a Eric Bishop en *The New York Times* y me reiteró por qué las notificaciones push son importantes: «Las notificaciones push son útiles para el lector, y también una expresión de los valores periodísticos de *The New York Times*, y un modo de mejorar la experiencia de usuario.»

Bishop afirma que él y sus colegas discuten constantemente modos de mejorar las notificaciones push.

Las alertas no son garantías de lectores para la historia

Bishop dice que el porcentaje de lectores que leen una notificación y van directamente a la historia es pequeño. Aun así, para muchos lectores, es bueno saber que la noticia existe. *The New York Times* continúa experimentando con diversos enfoques hacia las notificaciones, y también con componentes visuales.

¿Qué entra en una notificación?

Las notificaciones push actuales, cuando se realizan adecuadamente, siguen esa misma estrategia al pie de la letra. A continuación veremos la importancia de presentar información clave acerca de la historia en una notificación push.

La clave es presentar los puntos esenciales de la historia sin obviar puntos específicos que puedan potenciar las posibilidades de que la historia sea leída.

NYTimes now
Hillary Clinton opposes President Obama's
Trans-Pacific Partnership trade deal
slide to view

NYTimes now
Hillary Clinton said she opposes the Trans
Pacific Partnership, putting her at odds
with President Obama.
slide to view

NYTimes now
Hillary Clinton said she opposes the Trans
Pacific Partnership. It's the third time in
recent weeks she's broken with President
Obama.
slide to view

Poniendo a prueba tres tipos de redacción

Aquí vemos como *The New York Times* puso a prueba tres notificaciones redactadas de modo diferente. La última tuvo 25% mejor recepción que las otras.

¿Cuándo se excede el número de notificaciones push?

En el mundo de los medios de dos tiempos—incorporarse y reclinarse—las notificaciones son clave para atraer nuestra atención hacia la historia. Estoy de acuerdo con recibir diversas notificaciones diariamente. No las considero molestas. Un motivo por el que las mantengo es que esas alertas de noticias son la primera señal de una primicia de interés.

Cuando las notificaciones push molestan

Un estudio hecho por *Localytics* muestra cierta evidencia de que un exceso de alertas de noticias tiende a molestar a nuestra audiencia. Irritante es la palabra que muchos usuarios usan cuando se refieren a las notificaciones. De hecho, existe una "fatiga de notificaciones" por parte de la gente a la que les parece que son una "distracción molesta."

2 a 5
mensajes por semana

llevarían a que 46% de los usuarios deshabilitaran las notificaciones, mientras que 32% dejaría de usar la aplicación definitivamente si recibieran centre 6 y 10 mensajes en el lapso de una semana.

Entonces, ¿qué tiene que hacer una editorial en base a este estudio?

Esto no es señal de que todas las alertas noticiosas deban ser canceladas. Pero, tal vez, las alertas puedan ser a través de las redes sociales y las notificaciones push que llegan directamente al usuario ser más selectivas.

Por supuesto, en el mundo ideal, las alertas y las notificaciones se personalizan, de tal modo que los usuarios puedan decirnos sobre qué tópicos y bajo qué circunstancias les gustarían recibirlas.

¿Cómo manejar las notificaciones push?

Nadie duda del valor de las notificaciones. De hecho, el año pasado, *The New York Times* formó un equipo de 11 personas dedicado a enviar alertas. Y Facebook introdujo una aplicación separada, "*Notify*", que permite que los usuarios de móviles personalicen las notificaciones de noticias.

No solo para las noticias duras

En muchas redacciones, incluyendo la de *The New York Times*, la conversación parece centrarse en qué tipo de historias merece una notificación push, «Pensamos que deberíamos enviar notificaciones sobre noticias blandas,» me dijo Bishop. Si vemos a las noticaciones como "rebanadas" importantes de la sandía, entonces no deberían limitarse a primicias.

Las notificaciones son como los avances de una película: existen para anticiparnos la historia.

Las notificaciones push y los guiones gráficos

Las notificaciones push son la partícula más pequeña de la historia, la rebanada más fina de la sandía. Aun así, se puede planificar escribir una notificación como escenas de una pelicula.

Si va a utilizar tres elementos de una historia en la notificación, cree un guión gráfico—*storyboard*. Mezcle las escenas hasta que tenga los componentes que sean más efectivos. Una especie de *lluvia de ideas* sobre las notificaciones.

Pasos para escribir notificaciones push

—1. Comience el proceso mientras el periodista aún se encuentra escribiendo la historia.

—2. Elija los dos o tres elementos que definen la historia.

—3. Use los factores periodísticos determinantes como consecuencia, oportunidad, proximidad, e interés humano.

—4. No se olvide de que las citas parciales pueden potenciar una notificación push.

~

Las notificaciones push pueden ser la partícula más pequeña de una historia, pero son efectivas para atraer a los lectores al contenido y mantener la marca de su periódico frente a la audiencia.

~

Nota-

Estos son algunos de los nuevos productos que innovan **con sus estrategias de notificaciones push.** Echémosle un vistazo a lo que están haciendo.

Buzz Feed News
Notificaciones push informales y "un encadenamiento de alertas" de historias de una oración.

REPORTING TO YOU

The Story

Storytelling

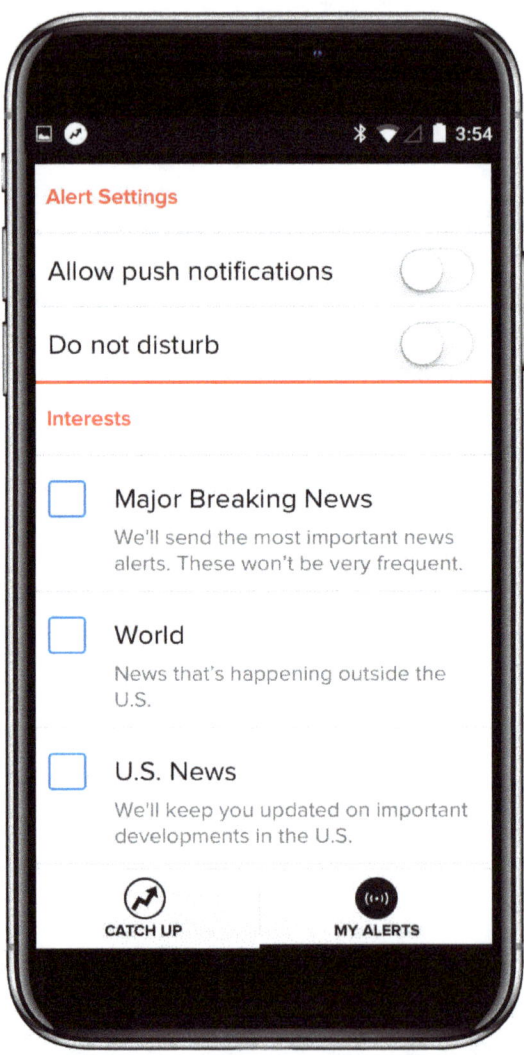

The Story

Storytelling

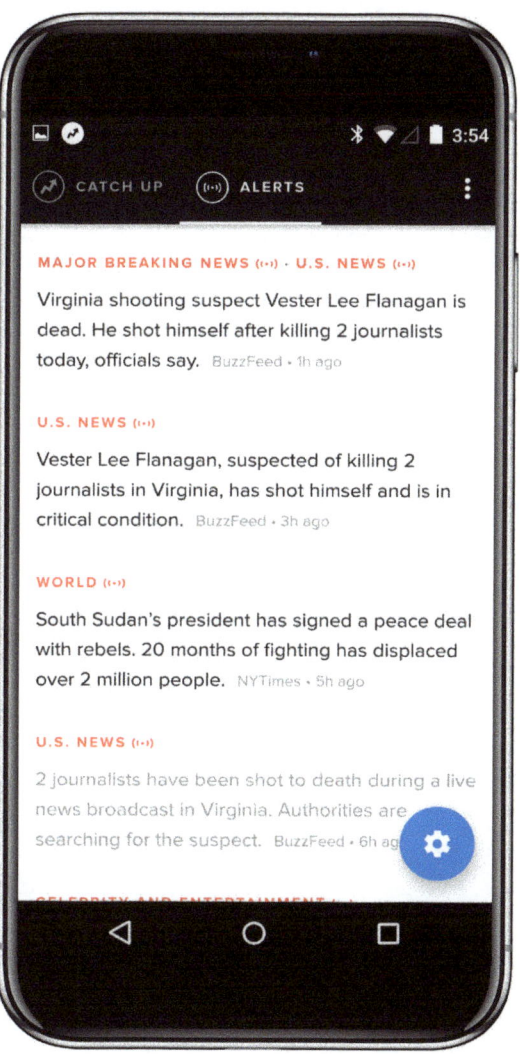

The Story

Storytelling

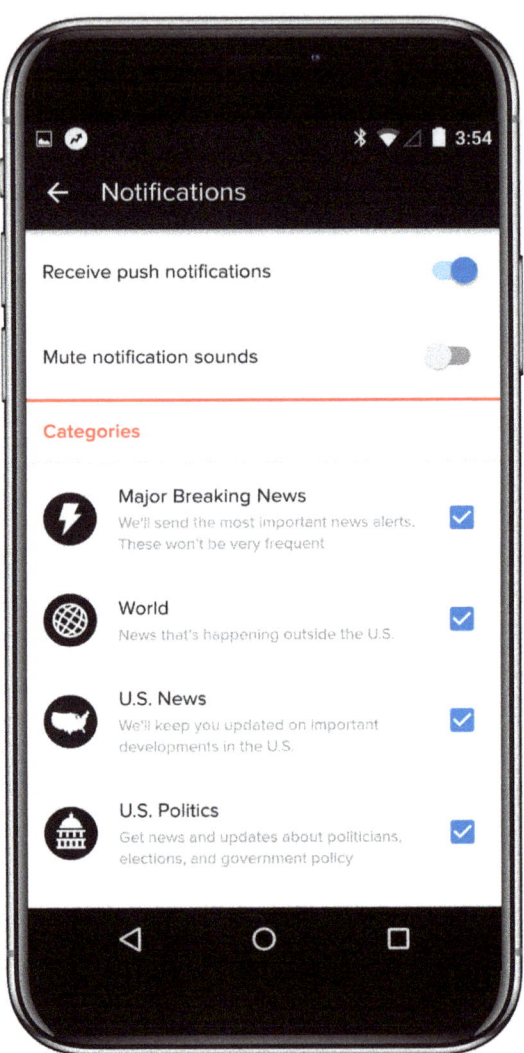

Joongang Ilbo
(Corea del Sur)
Los algoritmos
analizan datos,
brindando a los
lectores 10 artículos
importantes. Envían
notificaciones push
3 veces por día.

The Story

Storytelling

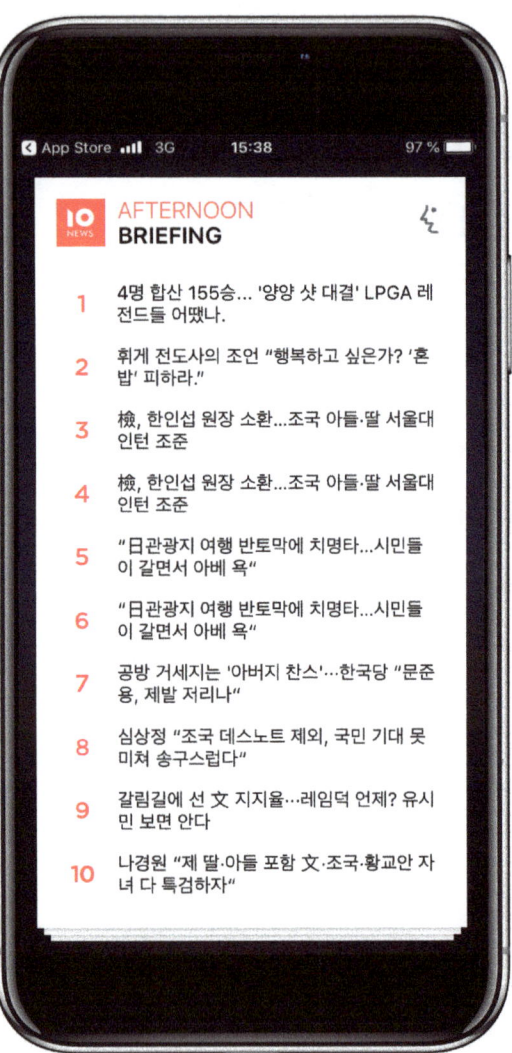

The Story

Storytelling

App Store ·ıll 3G   15:38   97 %

로고를 누르면 바로가기 메뉴가
나와요!

1

4명 합산 155승… '양양 샷 대결' LPGA 레전드들 어땠나.

요약 소렌스탐-박성현은 21일 강원도 양양 설해원의 샐먼·시뷰 코스에서 열린 이벤트 대회 설해원 셀리턴 레전드 매치 첫날 포섬 경기에서 합계 2오버파를 기록했다. 공 하나를 번갈아 치는 포섬 방식으로 열린 2인 1조 경기는 팬 투표에 따라 소렌스탐-박성현, 로레나 오초아(멕시코)와 아리야 주타누간(태국), 줄리 잉스터(미국)와 이민지(호주), 박세리와 렉시 톰슨(미국)으로 조가 짜여져 치러졌다. 16번 홀까지 오초아-주타누간의 리드가 이어졌지만 남은 2개 홀에서 소렌스탐-박성현과 회

남은 **77%** 내용 더 보기   〉

Quartz
La aplicación móvil ofrece notificaciones push informales, a modo de texto.

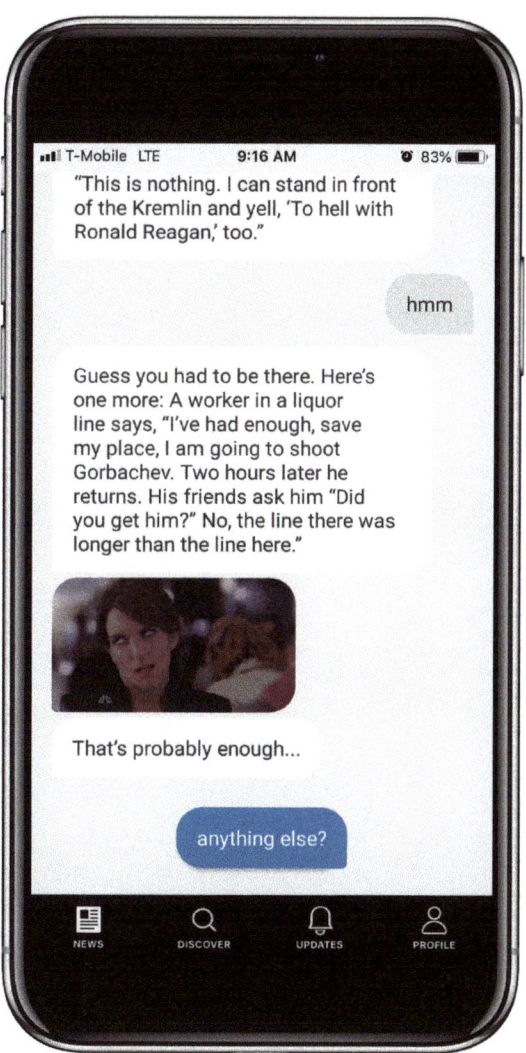

Proceso creativo

Storytelling #7

HOY, LAS HISTORIAS SE PRODUCEN COMO UNA NARRATIVA LINEAL CON VIDEO, GRÁFICOS, Y OTROS ELEMENTOS VISUALES QUE CREAN **UNA EXPERIENCIA TANGIBLE PARA EL LECTOR.**

Cualquiera sea la escena, la estrategia de storytelling debería apuntar a facilitarla para que los ojos del lector se muevan de arriba abajo de la pantalla para seguir la historia, como lo hacemos normalmente cuando usamos nuestros teléfonos y tabletas.

En el proceso de crear historias lineales, soy consciente de que a muchos escritores y editores tradicionales les podemos parecer extraños y, definitivamente, diferentes.

¿Cómo funciona?

El texto o narrativa de la historia lineal se fusiona con las imágenes que lo acompañan. Es una narrativa de dimensión única que abarca texto y componentes visuales en un flujo uniforme.

Ya no verá un conjunto de fotos antes, en el medio, o al final de la historia. En cambio, el escritor enlazará el texto con la imagen en una progresión normal y lógica de cómo pensamos.

Fusione texto y componentes visuales

Si está en duda, piense en cuando era niño y escribía historias en su cuaderno rayado. Probablemente haya comenzado su historia con palabras, luego hecho un dibujo, y luego escrito más palabras. Tanto las palabras como los elementos visuales son parte de un desarrollo secuencial. Pero no tenemos que regresar a nuestra infancia. Eche un vistazo al ultimo chat que tuvo en su teléfono. Verá esa interacción entre texto e imágenes.

Conceptualícelo como una historia lineal

Las historias lineales deberían escribirse para el consumo en móviles. No es práctico convertir una historia incialmente no lineal en una lineal. El agregado de elementos visuales parecerá forzado. En cambio, las historias son creadas como lineales, y por lo tanto, el escritor (reportero) trabaja con un periodista gráfico para fusionar los componentes visuales con los textos de la historia. Esto exige un trabajo de equipo.

Comience con un boceto en papel

Ese boceto muestra dónde aparecerá el texto, y también dónde irán los componentes visuales. Normalmente utilizo autoadhesivos Post-It para señalar lo visual. De ese modo un rápido vistazo al boceto nos dará una idea del equilibrio entre uno y otro.

Recuerde, alrededor de 5 componentes visuales es lo exacto para la mayoría de las historias. Existen las excepciones, por supuesto.

The Story

Storytelling

VIDEO

HEADLINE

PHOTO

Lorem ipsum dolor sit amet, consectetur adipisicing elit, sed do eiusmod tempor incididunt ut labore et dolore magna aliqua. Ut enim ad minim veniam, quis nostrud exercitation ullamco laboris nisi ut aliquip ex ea commodo consequat. Duis aute irure dolor in reprehenderit

PARAGRAPH

Lorem ipsum dolor sit amet, consectetur adipisicing elit, sed do eiusmod tempor incididunt ut labore et dolore magna aliqua. Ut enim ad minim veniam, quis nostrud exercitation ullamco laboris nisi ut aliquip ex ea commodo consequat. Duis aute irure dolor in reprehenderit

PARAGRAPH

MAP

QUOTE

PHOTO

SUBHEAD

Lorem ipsum dolor sit amet, consectetur adipisicing elit, sed do eiusmod tempor incididunt ut labore et dolore magna aliqua. Ut enim ad minim veniam, quis nostrud exercitation ullamco laboris nisi ut aliquip ex ea commodo consequat. Duis aute irure dolor in reprehenderit

La importancia de las plantillas

Generalmente, aconsejo a los gestores de contenido y diseñadores crear plantillas útiles para una diversidad de historias, lo que permitirá un proceso de produción más rápido. Cada equipo de redacción sabe el tipo de historias que probablemente produzca en estilo lineal, así las plantillas ahorran tiempo. Aquí les mostraré algunos de esos bocetos que se convierten en plantillas.

Algunos puntos esenciales de un boceto:

—1. Comience con un titular.

—2. Luego podría haber un extracto.

—3. Primer componente visual (podría ser un video, foto, gráfico, o un gif).

—4. Luego esboce texto y componentes visuales al desarrollar la historia.

Lorem ipsum dolor sit amet, consectetur adipisicing elit, sed

Lorem ipsum dolor sit amet, consectetur adipisicing elit, sed do eiusmod tempor incididunt ut labore et dolore magna aliqua. Ut enim ad minim veniam, quis nostrud Lorem ipsum dolor sit amet, consectetur adipisicing elit, sed do eiusmod tempor incididunt ut labore et dolore magna aliqua. Ut enim ad minim veniam, quis nostrud

Lorem ipsum dolor

Lorem ipsum dolor sit amet, consectetur adipisicing elit, sed do eiusmod tempor incididunt ut labore et dolore magna aliqua. Ut enim ad minim veniam, quis nostrud exercitation ullamco laboris nisi ut aliquip ex ea commodo consequat. Duis aute irure dolor in reprehenderit

Lorem ipsum dolor sit amet, consectetur adipisicing elit, sed do eiusmod tempor incididunt ut labore et dolore magna aliqua. Ut enim ad minim veniam, quis nostrud exercitation ullamco laboris nisi ut aliquip ex ea commodo consequat. Duis aute irure dolor in reprehenderit

Lorem ipsum dolor sit amet, consectetur adipisicing elit, sed do eiusmod tempor incididunt ut labore et dolore magna aliqua. Ut enim ad minim veniam, quis nostrud exercitation ullamco laboris nisi ut aliquip ex ea commodo consequat. Duis aute irure dolor in reprehenderit

HEADLINE

NUTGRAPH

BYLINE

LEAD ASSET

3 LINES

2 LINES

CREDIT

16 PT. SWITCHEL

QUOTE

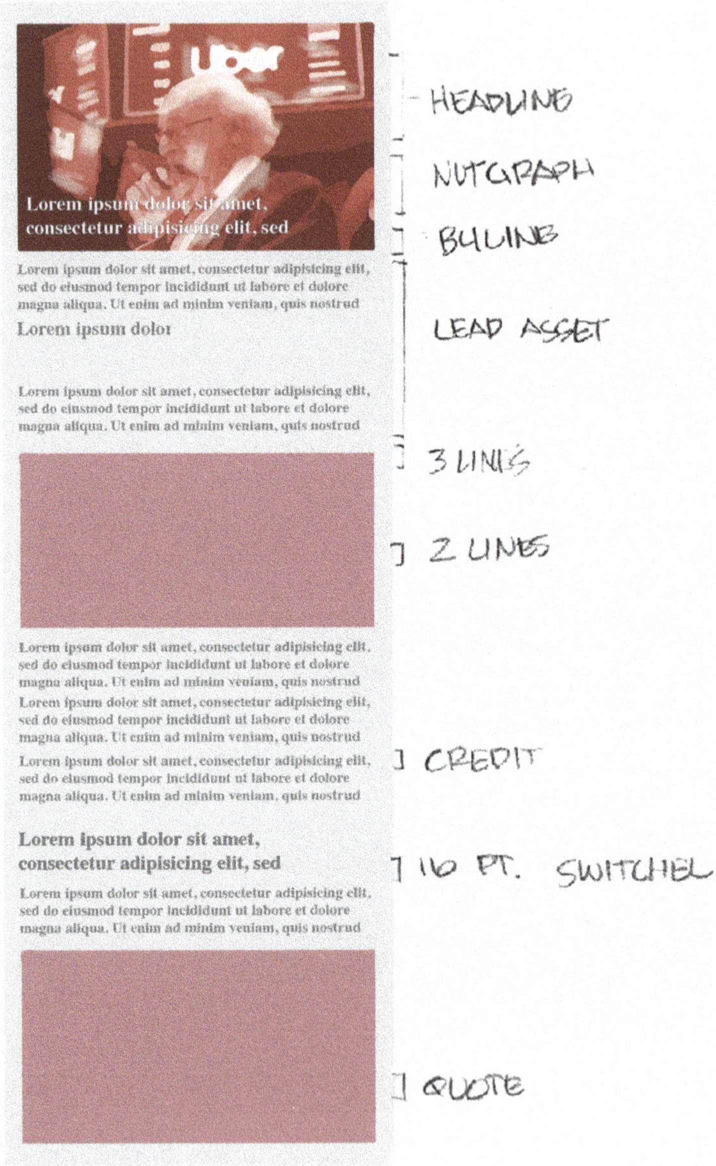

Lorem ipsum dolor sit amet,
consectetur adipisicing elit, sed
Lorem ipsum dolor sit amet, consectetur adipisicing elit,
sed do eiusmod tempor incididunt ut labore et dolore
magna aliqua. Ut enim ad minim veniam, quis nostrud
Lorem ipsum dolor
Lorem ipsum dolor sit amet, consectetur adipisicing elit,
sed do eiusmod tempor incididunt ut labore et dolore
magna aliqua. Ut enim ad minim veniam, quis nostrud
Lorem ipsum dolor sit amet, consectetur adipisicing elit,
sed do eiusmod tempor incididunt ut labore et dolore
magna aliqua. Ut enim ad minim veniam, quis nostrud
Lorem ipsum dolor sit amet, consectetur adipisicing elit,
sed do eiusmod tempor incididunt ut labore et dolore
magna aliqua. Ut enim ad minim veniam, quis nostrud
Lorem ipsum dolor sit amet, consectetur adipisicing elit,
sed do eiusmod tempor incididunt ut labore et dolore
magna aliqua. Ut enim ad minim veniam, quis nostrud
Lorem ipsum dolor sit amet,
consectetur adipisicing elit, sed
Lorem ipsum dolor sit amet, consectetur adipisicing elit,
sed do eiusmod tempor incididunt ut labore et dolore
magna aliqua. Ut enim ad minim veniam, quis nostrud
HEADLINE
NUTGRAPH
BYLINE
LEAD ASSET
3 LINES
2 LINES
CREDIT
16 PT. SWITCHEL
QUOTE

La plantilla finalizada

Luego de los bocetos en papel para las plantillas, es hora de ingresarlos al Sistema de Gestión de Contenido (SGC), como podemos ver estos ejemplos de CCI Europe, con sede en Dinamarca.

Consulte a su equipo técnico sobre las posibilidades de su SGS para un storytelling lineal. Se va a sorprender de cuántas opciones están disponibles, y generalmente, inexploradas.

H HEADLINE

¶ PARAGRAPH

▦ VIDEO

¶ PARAGRAPH

¶ PARAGRAPH

▦ VIDEO

▣ PHOTO

⚙ INTERACTIVE

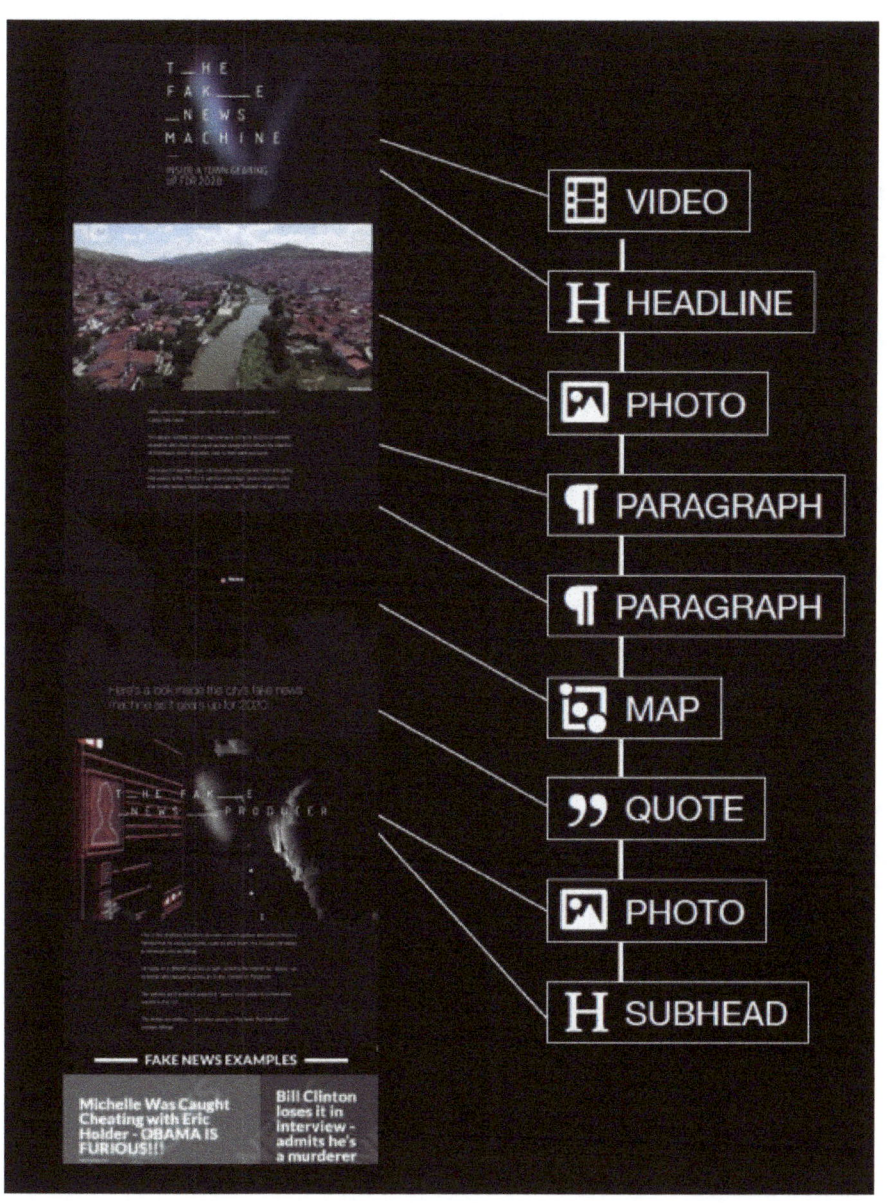

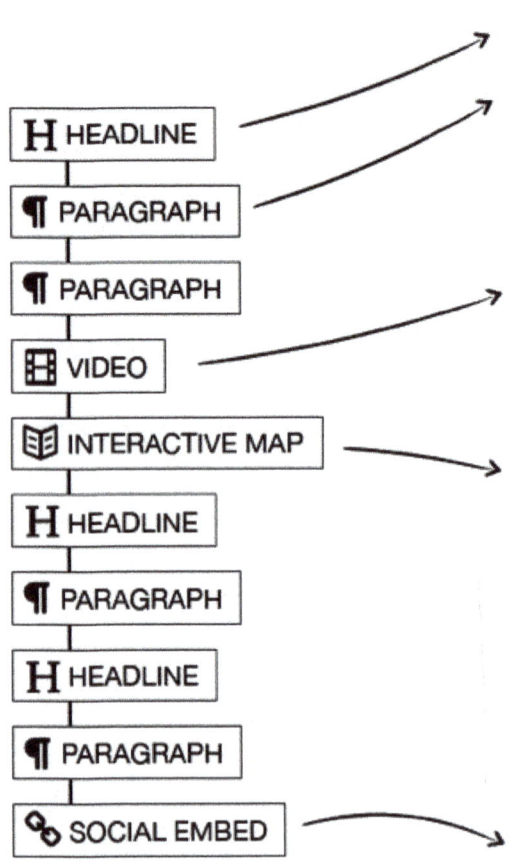

- **H** HEADLINE
- **¶** PARAGRAPH
- **¶** PARAGRAPH
- **▦** VIDEO
- **📖** INTERACTIVE MAP
- **H** HEADLINE
- **¶** PARAGRAPH
- **H** HEADLINE
- **¶** PARAGRAPH
- **🔗** SOCIAL EMBED

Russian passenger jet crashes in Egypt killing 224 people

En el taller

En nuestros talleres tomamos
historias que tienen potencial
para ser lineales y las producimos,
completando un plan en
papel antes de volcarnos a la
computadora para finalizarlas.

Creando el guion gráfico
- *Storyboard*

En cierto sentido, el boceto de una historia lineal es afín con lo que los cineastas realizan cuando crean un guion gráfico para una película. Siempre me han fascinado los minuciosos guiones gráficos del cineasta Alfred Hitchcock, como apreciamos aquí en los creados para su icónico film *The Birds* (1963).

Fuente: Culture Darm
https://culturedarm.com/the-birds-1963-storyboarding-the-scene-at-the-schoolhouse/

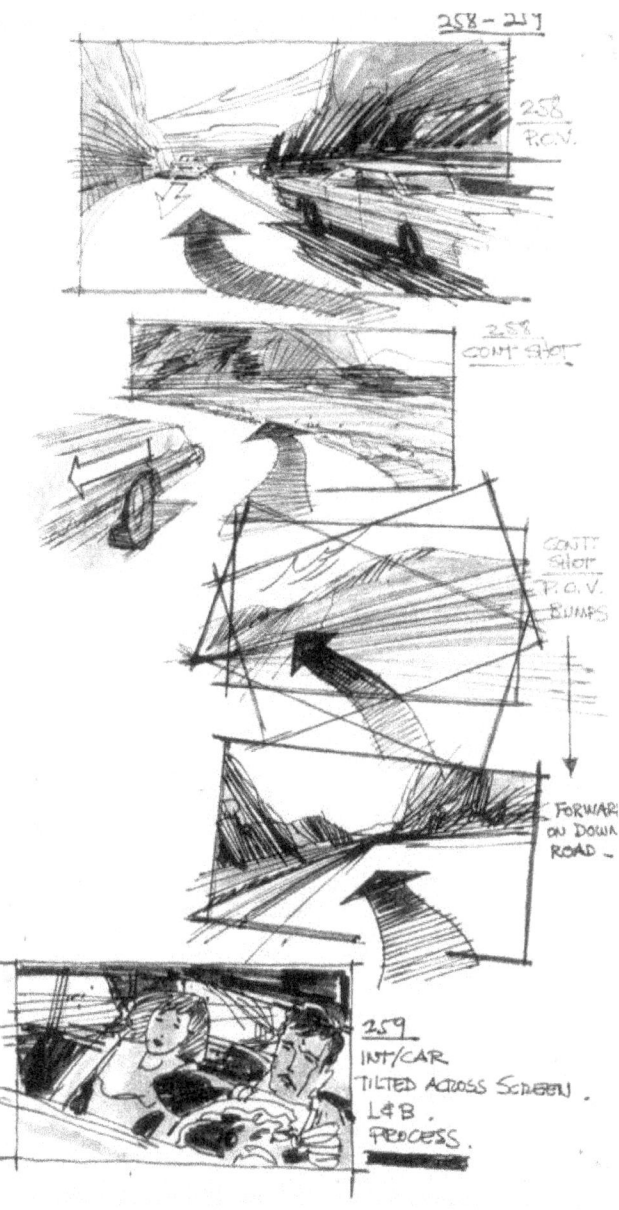

Un proyecto llamado *SHIFT*

Trabajé estrechamente con un equipo del diario regional alemán *Südkurier*, publicado en la pintoresca Constanza, cerca de la frontera entre Alemania y Suiza.

Nuestro proyecto, titulado *SHIFT*, tenía como objetivo trasladar el equipo de periodistas en *Südkurier* a un enfoque más móvil primero en el trabajo diario.

Un año después, *SHIFT* continúa estando en constante y positiva evolución.

Punto de vista de un editor

El Editor en Jefe Stefan Lutz participó plenamente del proyecto *SHIFT*. Le pregunté su opinión acerca de la enorme transformación que tuvo lugar, especialmente en el área de narrativa visual.

Es importante hacer que los principales editores participen, ofrezcan su aprobación y adopten activamente estrategias de móvil primero. Es casi siempre una garantía de éxito en el proceso de transformación.

«Lo que tuve que aprender es el modo de narrar buenas historias en formato digital. Se tiene que trabajar de una manera muy distinta que para un periódico impreso. ¿Pero cómo? La respuesta es: ¡haciéndolo! Primero entrénese usted y luego entrene a su equipo.»

Stefan Lutz – Südkurier
Editor en Jefe

~

Las redacciones donde funciona mejor un enfoque móvil primero son aquellas en las que los líderes establecen como prioridad comenzar la conceptualización y la asignación de historias pensando primero en la plataforma de menor tamaño.

~

Cómo funciona en *Südeutsche Zeitung* (Alemania)-

Recurrí al equipo de uno de los diarios más innovadores de Alemania, *Südeutsche Zeitung*, publicado en Munich, para ver su trabajo y exitosa intersección de impreso/digital. He aquí mi charla con Fabian Heckenberger, Wolfgang Jaschensky, y Elisabeth Gamperl.

De izquierda a derecha: Fabian Heckenberger, Elisabeth Gamperl, Wolfgang Jaschensky.

1. 1. El buen storytelling digital se vuelve "normal"

«Donde nos vemos en *Südeutsche Zeitung* superando a la competencia en el mercado periodístico alemán es: este tipo de historias ya no es un proyecto, se ha convertido en una parte de nuestro trabajo diario. Hace dos años, teníamos una historia de este tipo al mes, el año pasado tal vez era una por semana, hoy publicamos una de esas historias cada dos días.»

2. Un Sistema de Gestión de Contenido (SGC) creado internamente

«Hemos creado nuestro propio SGC internamente, lo cual facilita el proceso para que nuestros redactores/editores hagan más storytelling para el móvil.»

3. Un Sistema de Gestión de Contenido (SGC) creado internamente

«A la izquierda (de la próxima imagen) se ve el menú de la historia y se pueden reorganizar fácilmente todos sus elementos. A la derecha, se edita el contenido. Por ejemplo, se puede ver que tenemos la opción de subir dos archivos de medios distintos—uno para plataforma móvil y uno para computadora de escritorio de ser necesario.»

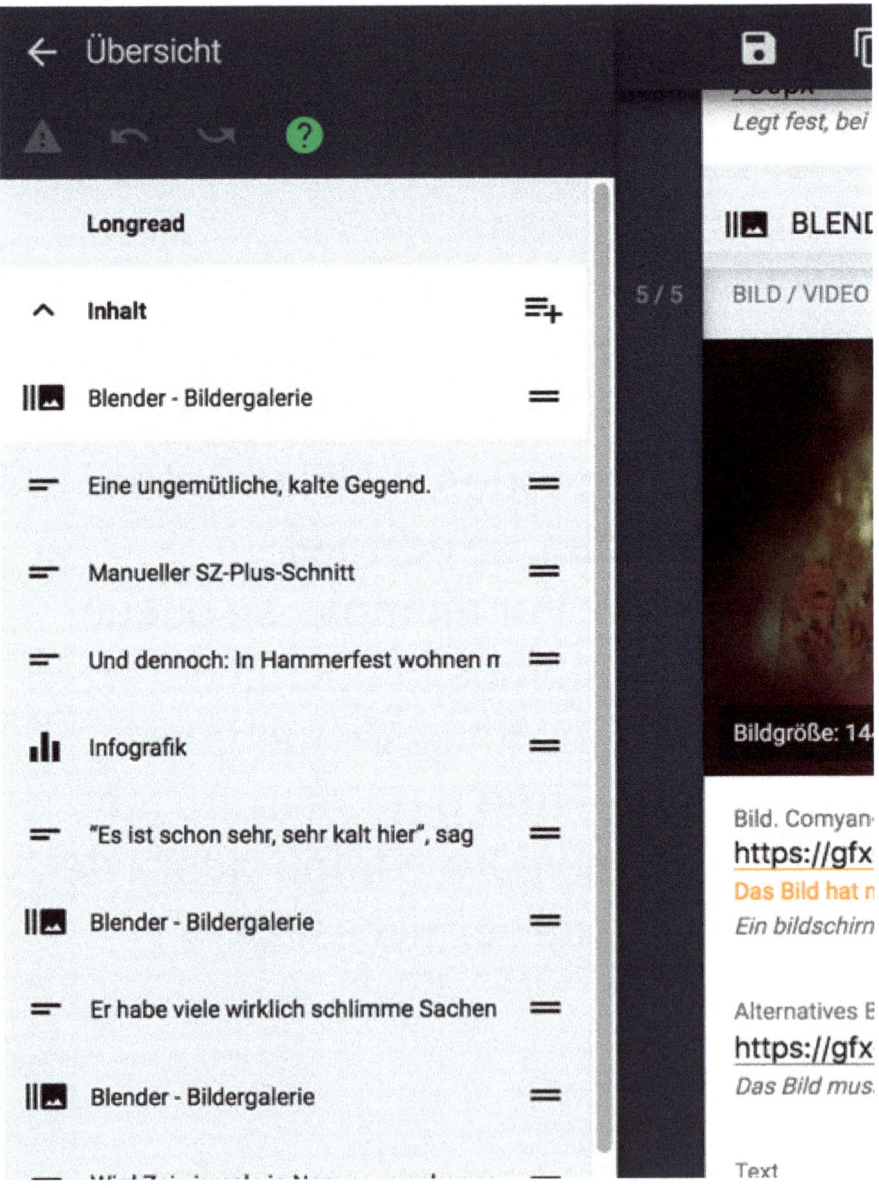

welcher Viewport Breite das mobil-optimierte Video abgespielt wird.

DER - BILDERGALERIE

40x900 [45 KB]. Breite 2880px. Maximale Höhe 2880px.

Bildgröße: 720x12
Benötigte Breite 7

-ID *

-stage.sueddeutsche.de/longreads/Hammerfest/Film%20Wohnu

nicht die nötige Mindestbreite von 1600px

nfüllendes Bild. Das Bild muss mindestens 1600px breit sein.

Bild für schmale Bildschirmgrößen. Comyan-ID

-stage.sueddeutsche.de/longreads/Hammerfest/Film%20Wohnu

s mindestens 320px breit sein.

4. El storytelling hecho fácil

«La segunda imagen muestra las opciones que podemos usar para el storytelling. Todo lo que se ve en las historias mencionadas anteriormente se hace con uno de esos módulos. La mayoría de ellos son bastante obvios—texto, imagen, video, infografías—algunas son un poco más sofisticadas. Lo que se ve mucho en nuestras historias es un modulo que llamamos "fusión" que es el rasgo que detiene el flujo continuo de imagen, video, o infografía y el texto continúa fluyendo sobre lo visual.»

⊟ Textmodul

Ein zusammenhängender Artikeltext.

⊞ Bildmodul

Fügt ein Bild ein, dessen Platzierung um den Text selbst bestimmt werden kann. Optional darf ein alternatives Bild für mobile Geräte hinterlegt werden.

⊪ Infografik

Spezielles Bildmodul um hochauflösendere Infografiken einzubetten. Diese werden in der Regel als 8bit PNG gespeichert um die Dateigröße zu minimieren.

⊞ Blender - Infografik

Hintergrund Galerie für Infografiken.

⊡ Annotation

Ein Link oder Bild das erst nach einem klick geöffnet oder eingeblendet wird. Zudem wird seitlich eine Notiz zum Link dargestellt

▪ Video

Bindet ein Video in unterschieldichen Größen im Artikel ein. Ja, 'autoplay' gibt es, aber nur für Desktop-Rechner.

▢ iFrame

Bindet ein iFrame im Artikel ein. Zeigt ein Fallback in der digitalen Ausgabe an.

▢ Parallax

Fügt ein Bild und optional ein Video ein, welches im Hintergrund bildschirmfüllend dargestellt wird. Dies wird gewöhnlich als visueller Trenner zwischen den Kapiteln verwendet.

⊟ Manueller SZ-Plus-Schnitt

Durch Positionierung dieses Moduls kann genau bestimmt werden bis wohin Leser ohne SZ-Plus-Abo lesen können. Wenn dieses Modul nicht verbaut wird, wird der

▪ Mediengalerie

Eine Bildergalerie für Bilder im Format 16:9. Die Breite der Galerie im Text ein eingestellt werden.

Sprungmarke

Fügt eine unsichtbare Sprungmarke in den Text ein, mit dessen Hilfe lässt sich über die Url direkt an die Stelle gesprungen werden kann.

▪ Verlinktes Bildmodul

Ein verlinktes Bild mit Text. Wird meist dazu verwendet, um auf sz-de-Artikel zu verlinken.

5. La importancia del Sistema de Gestión de Contenido para facilitar el storytelling

«Aquí hay una imagen de nuestros SGC y *JS* personalizados. Es un modo simple de que nuestros diseñadores cambien el aspecto de una historia en minutos y para que nuestros desarrolladores incluyan características especiales.»

The Story

Storytelling

= Zu den Leistungen zählte das Air-Berlin- =

▮▮ Infografik =

= Gerhard Schick ist einer der wenigen de =

= Textmodul =

▭ Sie haben Daten, die Sie uns anvertraue =

Weitere Artikel =+

∧ **Credits** =+

Mitarbeit =

Illustration: =

Infografik: =

Digitales Design: =

Digitale Umsetzung: =

SEO

Social Media

ENTWICKLEROPTIONEN

Benutzerdefiniertes CSS

```
1  .er-crate {
2      background-
3  }
4
5  .er-crate--publ
   crate--footer,
   .er-footer.er-c
   footer__service
6      color: whit
7  }
8
9  .er-plank--text
10     background-
11     color: whit
12 }
13
```

Benutzerdefiniertes JavaS

```
1  var sharingEl =
   sharing--dark');
2  if (sharingEl) {
3      sharingEl.clas
4      sharingEl.clas
5  }
```

La nueva aplicación de noticias SZ

«Vale también tener en cuenta nuestra aplicación de noticias, que tiene un enfoque similar a la aplicación de *The New York Times* (actualizada el 24/7, freemium paywall)….»

The Story

Storytelling

11:55   100 %

≡   **SüddeutscheZeitung**   ⋮

Ex-Wahlkampfmanage

Manaforts letz
sitzt im Weißer

Wegen Finanzverbreche
ehemaliger Wahlkampfc
hinter Gitter. Kommend
weitere zehn Jahre hinzu

Von Thorsten Denkler,

US-Justiz

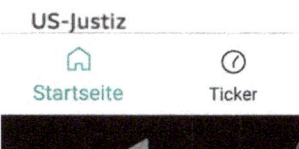

⌂   ⓘ
Startseite   Ticker

11:55   100 %

SüddeutscheZeitung
AM WOCHENENDE

Wirtschaft

Am Boden bleiben

Jeder weiß, dass Flugreisen dem Klima
schaden, trotzdem wird von Jahr zu Jahr mehr
geflogen. Warum es die Politik nicht schafft,
den Boom zu bremsen.

Buch Zwei

KIOSK
Inhalt

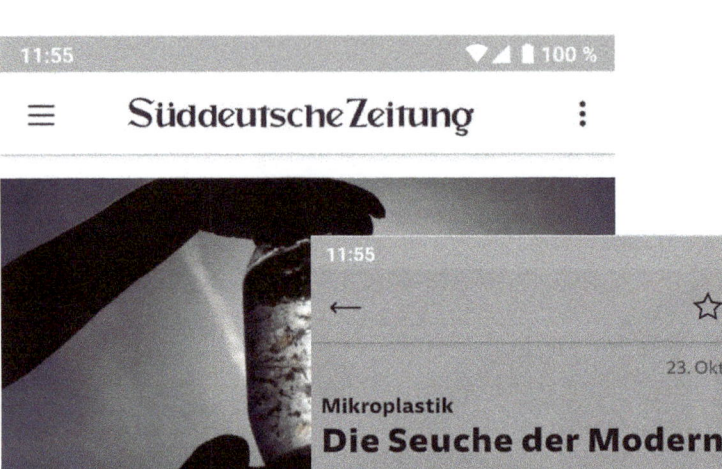

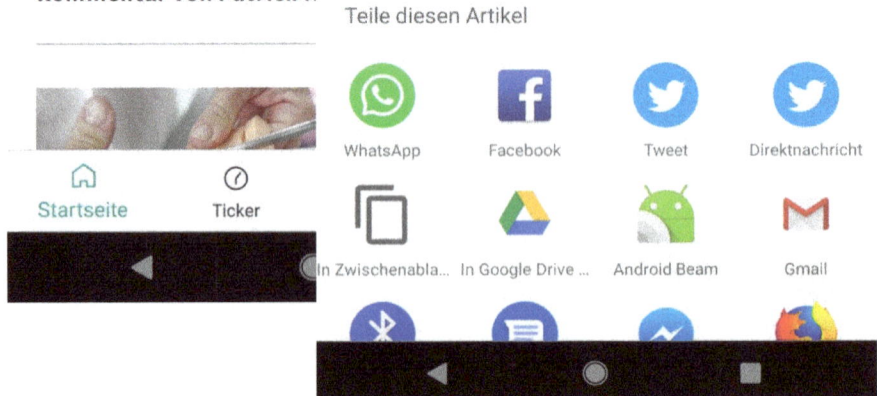

The Story

Storytelling

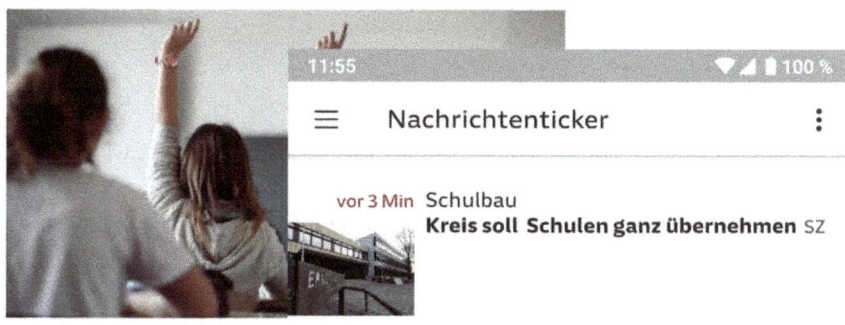

≡ **SZPlus** ⋮

SZPlus Gymnasium

Schule für (fast) a

Immer mehr Grundschüle
nasium. Sie bringen Vielfa
alte Schulform – und zwin
verändern.

Von Jan-Martin Wiarda

⌂   ⊘
Startseite   Ticker

◀   ◯

≡   Nachrichtenticker   ⋮

vor 3 Min Schulbau
Kreis soll Schulen ganz übernehmen SZ

vor 5 Min **Umfrage: Kopf-an-Kopf-Rennen wenige Tage vor Hessen-Wahl** dpa

vor 13 Min **Putin will Russlands Angreifer mit Atombomben "ausradieren"** dpa

vor 15 Min **Merkel gegen Kurswechsel in der EU-Asylpolitik** dpa

vor 17 Min **Merkel warnt vor Risiken für Irland bei Brexit ohne Vertrag** dpa

vor 19 Min **Krankenversicherte werden um Milliarden Euro entlastet** dpa

⌂   ⊘   📖   ☆
Startseite   Ticker   SZ Plus   Meine Artikel

◀   ◯   ■

SZ

«La experiencia de usuario siempre es el eje de nuestra innovación editorial. Trabajamos con *UX-designers* para crear nuevas ideas, probar nuestros prototipos con los usuarios, hacer seguimiento de cómo interactúan ellos con nuestras historias, y aprender cómo nuestros productos funcionan con nuestros usuarios. Una toma de conciencia nos condujo a nuestro enfoque básico: a los usuarios no les gusta interactuar demasiado. Hace años teníamos muchos más gráficos interactivos en los que podían hacer click en los gráficos y cosas así.»

SZ

«Hoy intentamos limitar las interacciones tanto como sea posible solo a un desplazamiento vertical. Una excepción a la regla es, cuando ofrecemos a los usuarios personalizar la historia como hicimos en la historia reciente donde podían averiguar cómo el cambio climático redujo un día de nieve en sus pueblos natales.»

Por favor ver imagen siguiente. (Cambio climático–personalizar la historia–)

Deutschland an einem bestimmten Ort historisch entwickelt haben. Ein Tag zählt dann als Schneetag, wenn an dem jeweiligen Ort eine Schneedecke von mehr als einem Zentimeter vorhanden war.

Ihr Ort im Schneetage-Check

Es kommt Ihnen so vor, als gäbe es kaum noch weiß zu sehen im Winter? Schauen Sie nach, wie sich die Schneetage an Ihrer Adresse in Deutschland in den letzten 60 Jahren entwickelt haben.

Bitte suchen Sie nach Adresse oder Ort* 🔍

Ihr Standort*   Berlin   Hamburg   Köln   München   Zugspitzplatt

München

An diesem Ort lag in den vergangenen zehn Jahren im Schnitt an **42 Tagen** im Jahr Schnee.

Damit gab es hier etwa **20 weniger Tage** ↘ mit Schneedecke als im

Recuerde que el reclinarse no está reservado solo a las noches. Nos reclinamos a ciertas horas del día para leer detenidamente un artículo importante.

El movimiento vertical

Storytelling #8

EL BOSQUEJO
Y DISEÑO DE UNA
HISTORIA VERTICAL
COMIENZA CUANDO
SE PIENSA EN
TÉRMINOS DE UN
FLUJO VERTICAL
DE ELEMENTOS.

Admito que los talleres para entrenar a los participantes en el concepto de storytelling lineal para móviles siempre son apacionantes. Prevalece una sensación de descubrimiento—y una cierta aprensión, por supuesto.

Una especie de primer día en el colegio, o cuando se está por comenzar una primera maratón. Usted sabe que lo hará, pero no sabe si podrá, o si alcanzará la linea de llegada.

¡Por favor recuerde esto!

Comience por no permitir un solo pedazo de papel tamaño carta en la sala. Si está usando papel de la fotocopiadora para bocetar, doble esas hojas por la mitad, o use las tijeras para cortarlas.

¡Piense en vertical!

Una vez que está frente a una hoja de papel vertical, de pronto usted comienza a pensar en términos de desplazamiento para avanzar su historia vía narrativa y componentes visuales.

¡El resto es fácil!

De pronto, la línea de llegada está a la vista.

~

Los usuarios mantienen su teléfono en posición vertical y parecen preferir desplazarse verticalmente, tal vez una de las razones de que las historia lineales sean tan populares con los lectores, y deberían serlo también con los periodistas y editores.

~

Cuando el modo horizontal funciona mejor

Cuando los equipos de *Frontline* y *Groundtruth Project* se reunieron para producir *The Last Generation* en 2018, querían que su historia de cambio climático en las Islas Marshall, narrada a través de la lente de tres niños, apareciera en modo horizontal.

Nota-

Aquí se ve cómo los creadores del artículo aconsejaron a los usuarios rotar sus dispositivos a modo horizontal.

También, hay ciertas imágenes de **The Last Generation.**

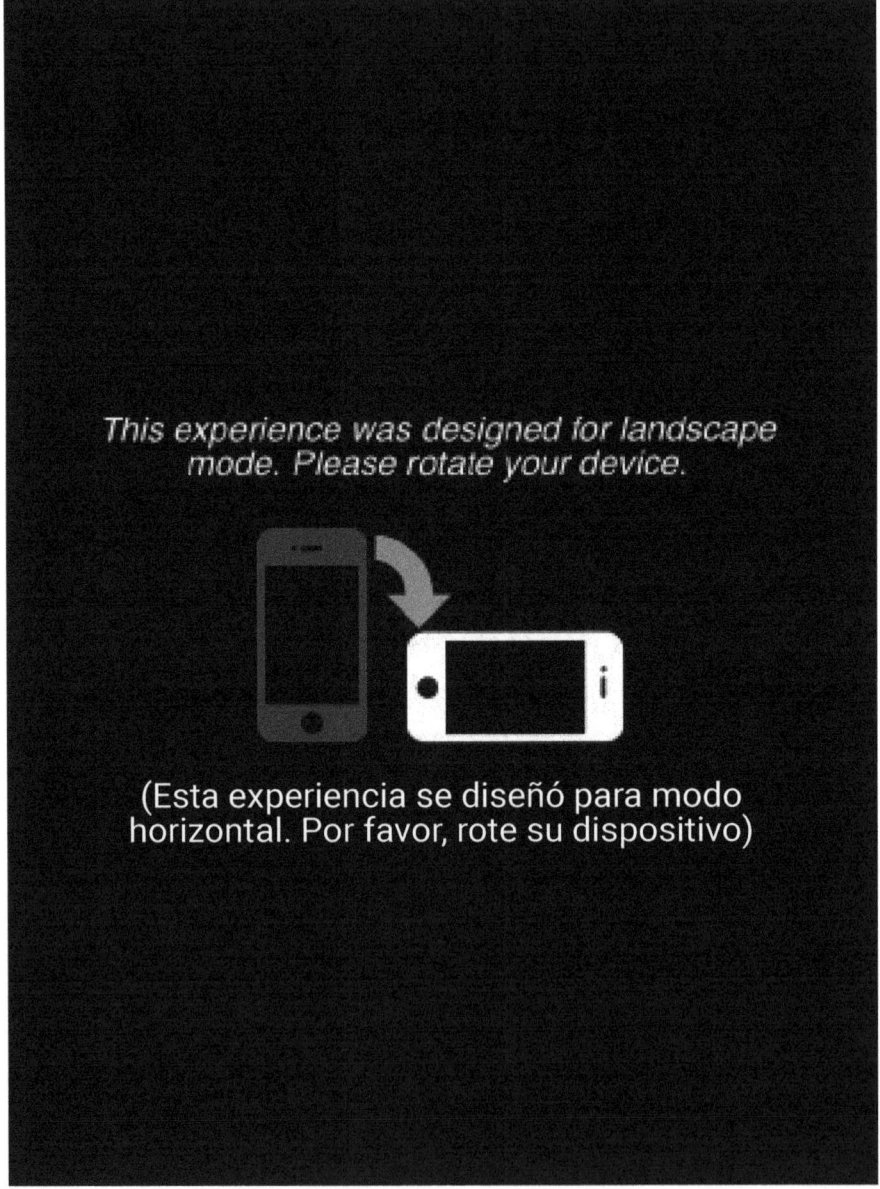

This experience was designed for landscape mode. Please rotate your device.

(Esta experiencia se diseñó para modo horizontal. Por favor, rote su dispositivo)

The Story

Storytelling

The Story

Storytelling

El titular esencial

Storytelling #9

LOS TITULARES SIEMPRE HAN SIDO IMPORTANTES. EN DISPOSITIVOS MÓVILES, ESE PRIMER TITULAR DEBE DECIRNOS LO QUE EL RESTO DE LA HISTORIA NOS MOSTRARÁ Y CONTARÁ.

Storytelling

Cuando leemos historias en la pantalla pequeña de un teléfono, la primer pantalla es clave para lo que sucederá después. Es el momento de la seducción—como cuando hay contacto visual. El lector nos dará entre cuatro y seis segundos para decidir si esta historia promete o es interesante. Cuando observamos la página de un diario, o pantalla de laptop, recibimos muchas pistas de lo que nos espera en una historia.

Simplifíquelo

Me atraen las primeras pantallas que siguen al enfoque de las vitrinas de *Tiffany*.

Generalmente, si usted se para frente a la vitrina de un negocio *Tiffany*, solo puede ver uno o dos artículos. Son, usualmente, piezas de joyería magníficas. Lo suficiente para hacerlo entrar en el negocio.

Preste atención, por ejemplo, a lo siguiente: una imagen y un titular. Eso es todo.

VISUAL TIMELINE

How the Florida school shooting unfolded

BY THE WASHINGTON POST | FEB. 15, 2018

El titular descriptivo

Los titulares que funcionan para móviles son los específicos para estos dispositivos e incluso usan palabras que nos dicen lo que nos contará la historia. No hay espacio para titulares abstractos aquí cuando el lector le da a usted pocos segundos para ser seducido. Cuanto más especifico sea el titular, con palabras que nos digan lo que nos mostrará la historia, mejor para atraer al lector y retenerlo.

Composición de la pantalla

Esto no es solo un buen ejemplo de storytelling móvil, sino también vale notar su diseño simple, y la disposición de los elementos visuales y la tipografía. La primera pantalla usa una imagen que hace que el lector se detenga a pensar; el logo de *The Washington Post* parece pequeño, centrado en la parte superior, un saludo a los logos tradicionales de los periódicos en esa posición, luego el titular alineado a la izquierda, en la parte inferior de la pantalla. ¡Tres elementos simplemente colocados de modo tan efectivo!

DE THE WASHINGTON POST

Seis mapas que muestran la anatomía de la vasta infraestructura de Estados Unidos.

Por qué ese titular funciona

Usted sabe inmediatamente que verá seis mapas. En un página impresa, habría visto los seis mapas de un vistazo, lo que le da una idea de lo que ofrece la historia. Para los móviles, un titular que puede leerse en términos abstractos: la vasta, desintegrada infraestrutura de Estados Unidos, que podría funcionar para un medio impreso, no será el adecuado. No es lo suficientemente específico.

DE THE NEW YORK TIMES

Pruebas de las víctimas indican uso de gas nervioso en ataque sirio.

Por qué ese titular funciona

La palabra pruebas es clave aquí: vamos a *mostrarle* pruebas.
La historia cumple su promesa a través de una serie de imágenes.

Se trata de contarle al lector lo que le espera. Nunca fue más importante una palabra clave, un número o una referencia. Esta es, en verdad, una de las peculiaridades de redactar/editar para móviles.

Observe el siguiente ejemplo, para un ensayo fotográfico de una primicia.

DE THE NEW YORK TIMES

Huracán Michael: El Daño en Fotos.

The Story

Storytelling

=   **The New York Times**   👤

UPDATED OCT. 15, 2018

Hurricane Michael: The Damage in Pictures

Drone footage of Mexico Beach, Fla. Chang W. Lee/The New York Times

 By **Morrigan McCarthy**

Hurricane Michael made landfall on the Florida Panhandle last Wednesday as what Gov. Rick Scott called, "the worst storm that our Florida Panhandle has seen in a century" Packing maximum sustained winds of

¿Titulares en forma de pregunta?

Había un tiempo en los anales de la formación periodística cuando los profesores le urgían a cambiar de especialización si insistía en redactar titulares en forma de preguntas.

Los profesores decían a viva voz: ¡No redacten titulares en forma de pregunta!

«¡Estamos aquí para brindar respuestas, no para hacer preguntas!»

¿Los titulares como preguntas son más seductores para los dispositivos móviles?

Hoy, sin embargo, vemos titulares en forma de pregunta en todas partes, particularmente para la lectura de historias en móviles, como en este ejemplo de *The Guardian* del Reino Unido.

Muchos editores con los que discutí este fenómeno me dicen que los titulares en forma de pregunta, en ciertos tipos de historias, seducen a los lectores a leer el artículo.

DE THE GUARDIAN

Casas de cristal—¿Qué grado de privacidad pueden esperar los habitantes de la ciudad?

Palabras e imágenes

Sin embargo, no es solo el titular que es esencial en esa primera pantalla. Es la combinación de palabras e imágenes que elija. Piénselo no solo como el elegante diseño en una vitrina de *Tiffany*—a veces una impresionante pulsera de esmeraldas—sino también piense en posters que lo seduzcan a entrar en el museo, o a ver una película.

Es un hecho, estamos en el negocio de la seducción. El lienzo para seducir puede ser pequeño, pero las posibilidades inmensas.

El titular que intriga

Eso es exactamente lo que sucede con este titular de *The New York Times* que atrae al lector, aun si no le gustan las bananas, ¿Cómo es posible resistirse a la lectura de la trayectoria que una banana ha seguido antes de llegar a ese kiosco de frutas de abajo?

The Secret Life of the City Banana

Millions of bananas arrive every week in New York City. It takes a lot to get them from the boat to the bodega.

Deje que el titular seduzca al lector a continuar desplazándose por la historia. Redacte titulares que sean descriptivos y visuales como indicio de lo que se aproxima.

Oigámoslo por la simplicidad

Storytelling #10

EL MUNDO QUE RODEA AL LECTOR Y SU TELEFONO ES COMPLEJO. DEBEMOS COMUNICAR MENSAJES DE MODO SIMPLE.

The Story
Storytelling

S i existe una palabra para colocar en nuestro salvapantalla es simplicidad. Hace años, la revista *Real Simple* se volvió muy popular, con artículos que nos inspiraban a simplificar nuestras vidas: eliminar el desorden de nuestros armarios, o cocinar comidas nutritivas sin demasiadas vueltas.

La simplicidad se aplica al reportero, al editor, y al diseñador.

¿Cómo lo podemos simplificar?

Esto nos remonta a los dos tiempos: incorporarnos y reclinarnos.

Creo que aun cuando nos estamos reclinando, deseamos la simplicidad.

¿Por qué, por ejemplo, *The New York Times* a veces usa una plantilla de estructuras de historias en un tema importante y nos recuerda "por qué esto es importante"?

Simple no significa "medir para abajo"

Al ser un lector veterano de *The New York Times*, no puedo imaginar que sus editores utilicen esos títulos para ayudarnos a comprender la Guerra de Vietnam, por ejemplo. Los lectores lo habrían considerado un ínsulto a su inteligencia.

Pocos, si es que los hay, de los lectores de *The New York Times* se detienen a pensar sobre eso hoy, y, en realidad, muchos lo aplaudirán. Todos precisamos comprender el complejo mundo que nos rodea. La simplicidad ayuda.

Simplicidad y repeticiones

La simplicidad es establecer una serie de "repeticiones" que se vuelvan familiares al usuario: una paleta para las estructuras de historia, tipografía, color y diagramas consistentes.

Observe la guía de estilo de la siguiente pantalla que garantiza consistencia a este libro. Captura las "repeticiones de estilo" en una sola pantalla. El diseñador usa esta guía. El usuario inconscientemente la registra. Todo se torna familiar—y simple.

THE STORY – VISUALS

BY MARIO
GARCIA

COLOR PALETTE

#000000
C0% M0% Y0% B100%

#EB212E
C0% M100% Y100% B0%

TYPE PALETTE

Deutsche Gothic Regular

DJ5Exchange Semibold

Didot Bold
—Headlines—

Bembo Std Regular
—Text—

SCOTCH LINE

Los periódicos y revistas también están comenzando a hacerlo, como podemos ver en esta guía de estilo del diario financiero danés, *Finans*.

Finans Update
Visuals

FINANS
UPDATE

#000000   #999999   #FFFFFF   #A70A2C

#FCE5D4 #EB0F3E

Georgia regular	**Georgia Bold**	*Georgia italic*
Arial regular	**Arial Black**	*Arial italic*

Nota-

La simplicidad no es un concepto nuevo para ningún periodista o diseñador. **Menos es mejor ha sido siempre mi lema.** No importa lo grande o pequeña que sea nuestro lienzo de diseño, ¿Quién puede argumentar contra estructuras simples, usos metódicos del espacio, y un sentido de la jerarquía?

En el mundo de dispositivos móviles, no solo menos es mejor, menos es el único camino.

La simplicidad nunca fue más esencial a lo que hacemos.

En el diseño móvil, particularmente, sea minimalista en su enfoque. Menos ítems de navegación, titulares más cortos, una foto o componente visual, no muchas. **Y, foco, foco, foco, porque el usuario sí lo tiene.**

Sí, piense en la vitrina de *Tiffany.*

No use todas sus joyas para la fiesta de graduación, ya que habrá otra el año que viene. Este es un buen consejo para los asistentes a esas fiestas y a los narradores en dispositivos móviles.

Caso de estudio: *Five Feet Under*

Storytelling #11

HE AQUÍ STORYTELLING DIGITAL EN SU ESPLENDOR: UNA HISTORIA CON CONTENIDO DE ALTO NIVEL EMOCIONAL.

UN PADRE BUSCA A SU HIJA ATRAPADA A DOS METROS BAJO UNA AVALANCHA DE NIEVE.

The Story

Storytelling

Combine los principales elementos visuales de la historia *Snow Fall* de *The New York Times* con una historia altamente personal, y agregue todo lo que nosotros como narradores hemos aprendido desde que *Snow Fall* se publicó en 2012, y tenemos en verdad un ganador. *Snow Fall* narra la historia de esquiadores y practicantes de snowboard atrapados bajo una avalancha. *Five Feet Under,* sigue a un padre en busca de su hija, Adina Lange, bajo dos metros de nieve por una avalancha.

Analicemos detenidamente la historia antes de continuar nuestra charla con el autor. La inspiración fue claramente *Snow Fall*, pero mucho ha sucedido en storytelling desde que se publicó en 2012.

The Story

Storytelling

La página inicial es poco usual en que no tiene titular. Se ve la cima de una montaña cubierta por nieve. ¡Nos desplazamos hacia abajo!

Adina Lange lies buried
beneath the snow.

*De pronto una pantalla negra
con una oración: Adina Lange
está sepultada bajo la nieve.*

The Story

Storytelling

La narrativa está hecha de oraciones cortas que nos seducen a continuar desplazándonos hacia abajo—un toque cinematográfico, al igual que una película, quiere atraparnos desde el comienzo.

Solo entonces, en la cuarta pantalla, vemos el titular: Five Feet Under.

The Story

Storytelling

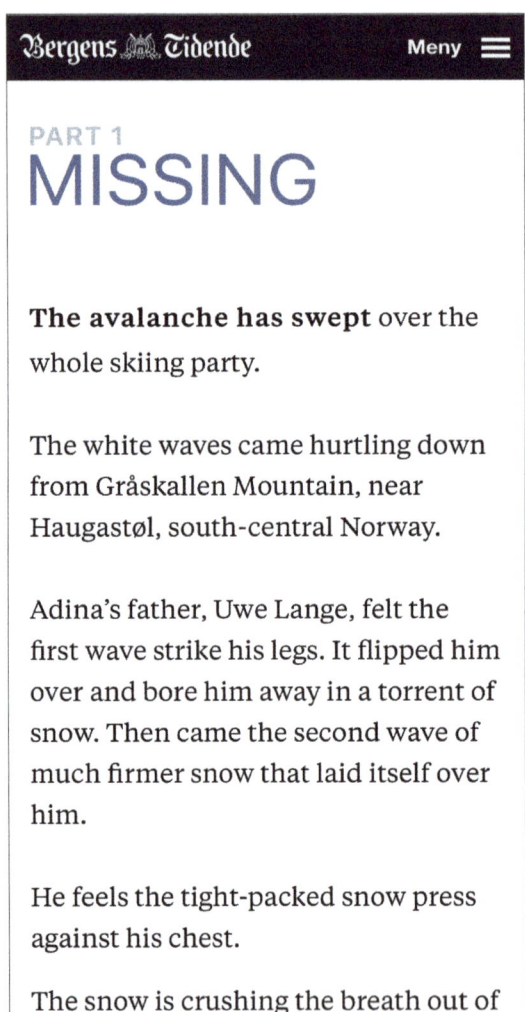

Bergens Tidende   Meny ☰

PART 1
MISSING

The avalanche has swept over the whole skiing party.

The white waves came hurtling down from Gråskallen Mountain, near Haugastøl, south-central Norway.

Adina's father, Uwe Lange, felt the first wave strike his legs. It flipped him over and bore him away in a torrent of snow. Then came the second wave of much firmer snow that laid itself over him.

He feels the tight-packed snow press against his chest.

The snow is crushing the breath out of

*Luego comienza una serie de segmentos,
Parte 1: Desaparecida, Parte 2: La Búsqueda*

passion, this time with both his
daughter and his friends.

They envisioned a lightweight Arctic
trip, a risk-free trip.

JUST BEFORE THE TRIP: Adina Lange, Jannik
Meyer, Stella Thielemann, Uwe Lange and
Michael Bögle. The sixth member of the party,
Hendrik Thielemann, is behind the camera.
Photo: Private

**Haugastøl, Monday March 13th
2017:** the skiing party leaves
Haugastøl Tourist Center in above-

*A partir de aquí, Five Feet Under se torna una
historia lineal, entrelazando texto e imágenes.*

The Story

Storytelling

Meyer, Stella Thielemann, Uwe Lange and Michael Bögle. The sixth member of the party, Hendrik Thielemann, is behind the camera.
Photo: Private

Haugastøl, Monday March 13th

2017: the skiing party leaves

Haugastøl Tourist Center in above-

together on skis in Hallingskarvet National Park. They expect terrain like the highland plateau they already know so well.

20 MINUTES BEFORE: Adina and her dad, Uwe Lange, eating the last snack they will have before being caught in the avalanche.
Photo: Private

La pantalla se pone oscura para los elementos de mayor tensión en la narrativa.

La mezcla de medios en la historia es fenomenal: fotos, videos, ilustraciones animadas como la que se aprecia aquí.

Nota-

Originalmente publicada en noruego, se convirtió en un éxito viral y ganó recientemente el ***premio "Best Storytelling"*** en los prestigiosos *Schibsted Awards* de Escandinavia.

36%
De las interacciones en teléfonos celulares con noticias más extensas duran más de dos minutos.

10%
Para los artículos más breves.

(Según encuesta del Pew Research Center)

Conversación con el autor, Björn Asle Nord

Tuve horas de charlas con Björn, escritor del diario noruego *Bergens Tidende*, donde se publicó la historia.

Su historia no es solo un ejemplo de lo mejor en el género de multimedia, sino también una de las primeras en su estilo creadas para su consumo en dispositivos móviles.

¡El escritor detalla su viaje! –

Five Feet Under fue un artículo de periodismo investigativo monumental. **He aquí una charla con Björn,** quien detalla cómo él y su equipo se enfocaron en el armado de esta historia llena de suspenso.

Note–

El escritor de *Five Feet Under* dice que apuntó a una combinación de narrativa digital y periodismo investigativo. «No para revelar la injusticia, sino para exponer la humanidad y una de las mejores cosas de la cultura noruega; el trabajo voluntario y el rescate de vidas.»

1. "La gran historia digital"

«Desde el primer momento, cuando descubrí la historia y me vi inspirado por una simple noticia acerca de esta avalancha, pensé acerca de una gran historia digital creada para el teléfono inteligente. Todo el equipo detrás de mí hizo lo mismo.»

2. Pensamiento móvil

«Por lo tanto, a partir de la idea, la investigación, los lineamientos, la estructura, y la redacción, todo giró en torno a adecuar la historia a la plataforma de telefono movil...»

3. Narrativa revolucionaria

«Hágalo como un proyecto puramente digital, hecho a medida y 100 por ciento creado para la plataforma de teléfonos móviles. La combinación del texto narrativo y la presentación deberían ser innovadores, y finalmente contado como nunca fue hecho antes...»

Five Feet Under comenzó donde *Snow Fall* nos dejó. El autor planificó la secuencia de la historia como se haría con una película, el concepto de guión ilustrado.

¿Qué ha cambiado desde *Snow Fall*?

Snow Fall, el icónico artículo de *The New York Times*, no fue narrado de manera lineal, aunque hay elementos visuales que aparecen a lo largo del texto, pero no necesariamente como parte de la continuidad de las historia, algo que despertó criticas en ese momento.

Fue un esfuerzo pionero, pero los editores y diseñadores aún no pensaban en términos de un desplazamiento vertical constante para moverse a lo largo de la historia.

The Story

Storytelling

Snow Fall
The Avalanche at Tunnel Creek

By JOHN BRANCH

T he snow burst through the trees with no warning but a last-second whoosh of sound, a two-story wall of white and Chris Rudolph's piercing cry: "Avalanche! Elyse!"

The very thing the 16 skiers and snowboarders had sought — fresh, soft snow — instantly became the enemy. Somewhere above, a pristine meadow cracked in the shape of a lightning bolt, slicing a slab nearly 200 feet across and 3 feet deep. Gravity did the rest.

Snow shattered and spilled down the slope. Within seconds, the avalanche was the size of more than a thousand cars barreling down the mountain and weighed millions of pounds. Moving about 70 miles per hour, it crashed through the sturdy old-growth trees, snapping their limbs and shredding bark from their trunks.

The avalanche, in Washington's Cascades in February, slid past some trees and rocks, like ocean swells around a ship's prow. Others it captured and added to its violent load.

Somewhere inside, it also carried people. How many, no one knew.

The slope of the terrain, shaped like a funnel, squeezed the growing swell of churning snow into a steep, twisting gorge. It moved in surges, like a roller coaster on a series of drops and high-banked turns. It accelerated as the slope steepened and the weight of the slide pushed from behind. It slithered through shallower pitches. The energy raised the temperature of the snow a couple of degrees, and the friction carved striations high in the icy sides of the canyon walls.

Elyse Saugstad, a professional skier, wore a backpack equipped with an air bag, a relatively new and expensive part of the arsenal that backcountry users increasingly carry to ease their minds and increase survival odds in case of an avalanche. About to be overtaken, she pulled a cord near her chest. She was knocked down before she knew if the canister of compressed air inflated winged pillows behind her head.

She had no control of her body as she tumbled downhill. She did not know up from down. It was not unlike being cartwheeled in a relentlessly crashing wave. But snow does not recede. It swallows its victims. It does not spit them out.

Snow filled her mouth. She caromed off things she never saw, tumbling through a cluttered canyon like a steel marble falling through pins in a pachinko machine.

At first she thought she would be embarrassed that she had deployed her air bag, that the other expert skiers she was with, more than a dozen of them, would have a good laugh at her panicked overreaction. Seconds later, tumbling uncontrollably inside a ribbon of speeding snow, she was sure this was how she was going to die.

Moving, roiling snow turns into something closer to liquid, thick like lava. But when it stops, it instantly freezes solid. The laws of physics and chemistry transform a meadow of fine powder into a wreckage of icy chunks. Saugstad's pinwheeling body would freeze into whatever position it was in the moment the snow stopped.

After about a minute, the creek bed vomited the debris into a gently sloped meadow. Saugstad felt the snow slow and tried to keep her hands in front of her. She knew from avalanche safety courses that outstretched hands might puncture the ice surface and alert rescuers. She knew that if victims ended up buried under the snow, cupped hands in front of the face could provide a small pocket of air for the mouth and nose. Without it, the first breaths could create a suffocating ice mask.

The avalanche spread and stopped, locking everything it carried into an icy cocoon. It was now a jagged, virtually impenetrable pile of ice, longer than a football field and nearly as wide. As if newly plowed, it rose in rugged contrast to the surrounding fields of undisturbed snow, 20 feet

The Story

Storytelling

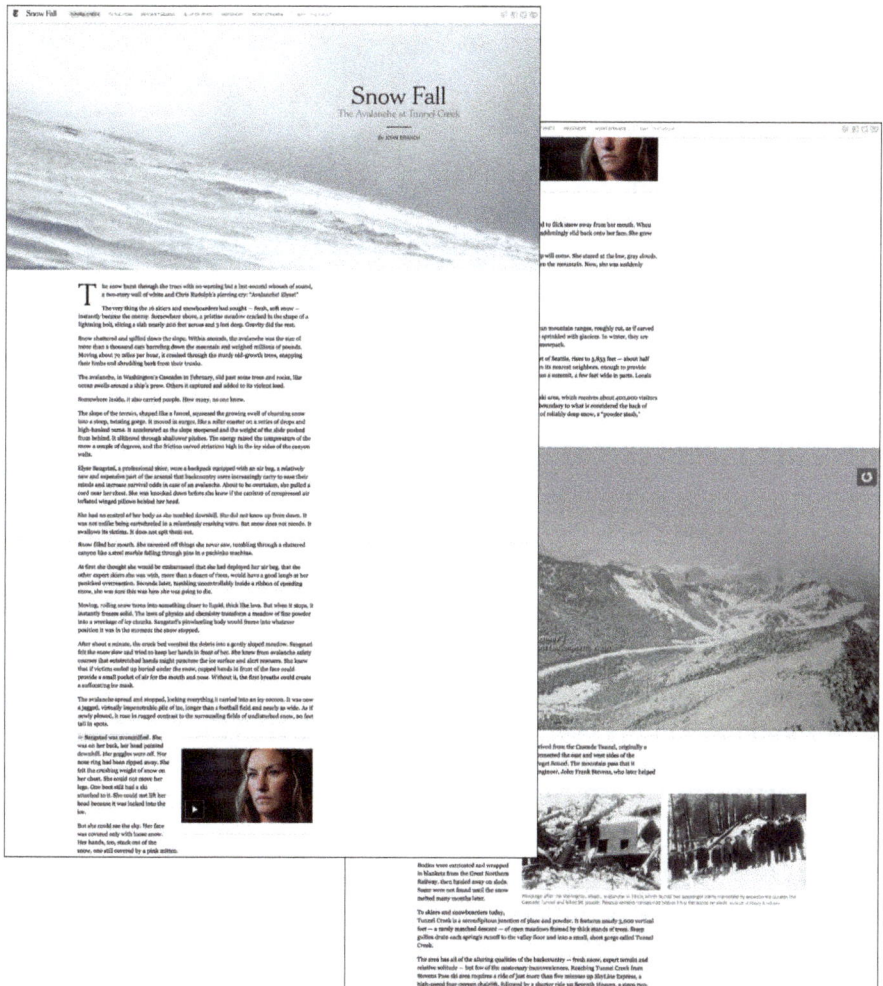

Mayor uso de la segmentación como recurso de navegación

Mientras que *Snow Fall* no introdujo el concepto de "segmentación" para una narrativa extensa, y utilizó subtítulos para dividir los segmentos, la narrativa digital lineal de hoy pone mayor énfasis en la creación de segmentos, o capítulos, para ayudar a la navegación interna. Como estamos frente al periodismo de las interrupciones, es probable que este extenso artículo no pueda ser leído de una sola vez, por lo tanto agregar divisiones adecuadas ayuda. Aquí se muestra cómo *Snow Fall* introdujo la segmentacion:

The Story

Storytelling

Snow Fall   TUNNEL CREEK   TO THE PEAK   DESCENT BEGIN

Navegación por segmentos

Breathe easy, she told herself. Do not panic. Help will come. She stared at the low, gray clouds. She had not noticed the noise as she hurtled down the mountain. Now, she was suddenly struck by the silence.

Tunnel Creek

The Cascades are among the craggiest of American mountain ranges, roughly cut, as if carved with a chain saw. In summer, the gray peaks are sprinkled with glaciers. In winter, they are smothered in some of North America's deepest snowpack.

The top of Cowboy Mountain, about 75 miles east of Seattle, rises to 5,853 feet — about half the height of the tallest Cascades, but higher than its nearest neighbors, enough to provide 360-degree views. It feels more like a long fin than a summit, a few feet wide in parts. Locals call it Cowboy Ridge.

To one side, down steep chutes, is Stevens Pass ski area, which receives about 400,000 visitors

A Plan in Motion

It was Saturday, Feb. 18, the afternoon light fading to dusk. Outside the Foggy Goggle, a bar at the base of the ski area, the snow continued to fall, roughly an inch an hour. By morning, there would be 32 inches of fresh snow at Stevens Pass, 21 of them in a 24-hour period of Saturday and Saturday night.

Subtítulos

Consejos para redactar la narrativa larga para el móvil

Aquí está la técnica de Björn

1. Oraciones cortas

2. Piense visualmente

3. Mantenga al lector atrapado

4. Manténgalo desplazándose

5. Perfeccione su redacción

6. Manténgalo simple

7. Piense móvil primero
(planifique en equipo)

1. Oraciones cortas

Cuando escribí la historia en Google docs, redacté las partes más intensas acerca de la víctima atrapada con mucho espacio entre líneas. Usé oraciones cortas porque pensé que funcionaría muy bien en un teléfono.

2. Piense visualmente

Piense visualmente, de tal modo que el lector se olvide de que está leyendo un texto y comience a sentir que está viendo una película.

3. Mantenga al lector atrapado

La competencia para captar la atención de los lectores es fuerte. Necesita atrapar al lector desde el primer segundo y oración. Trabaje con cada oración y capítulo para mantener al lector leyendo.

4. Manténgalo desplazándose

En cada momento del proceso de escritura, me preguntaba: ¿Qué hace que el lector continúe desplazándose a lo largo de la historia?

5. Perfeccione su redacción

El éxito del storytelling para teléfonos inteligentes exige buena capacidad de redacción- periodistas y editores deben esforzarse en capacitar y construir en sus organizaciones periodísticas entornos idóneos para este tipo de narrativa. El teléfono obliga a escribir de modo más idóneo e inteligente. El desplazarse a lo largo de la historia es una opción activa y usted debe tentar al lector a hacerlo.

6. Manténgalo simple

Las ilustraciones deben ser delicias para el lector. Sin desvíos, sin alardes. La presentación debe reforzar un empuje decisivo para que éste continúe fluyendo por la historia. El modo tradicional de narrar una historia le dice al lector que no tiene que continuar leyendo.

7. Piense móvil primero
(planifique en equipo)

Cree su contenido para la pantalla del teléfono primero. En realidad, comenzamos a hacerlo antes de 2016. Yo colaboré con un equipo de desarrolladores de noticias y un diseñador de juegos. Eso fue esencial para tener éxito con la historia. Todo el equipo se involucró desde la primera reunión, en una primera etapa. Nos encontramos inmediatamente después de que obtuve acceso a Adina, su padre Uwe, y el resto del grupo de esquiadores alemanes.

Los artículos con mayor cantidad de palabras muestran mayores niveles de tiempo dedicado por los lectores en los teléfonos inteligentes.

101 a 250
palabras 43 segundos

5000+
palabras 270 segundos

Nota-

Así es como el diseñador de *Five Feet Under* **Steffen Floan Oie** de *Bergens Tidende* explica su estrategia en el diseño del artículo

«Este fue definitivamente un proyecto móvil primero desde el comienzo. Los gráficos más grandes no se diseñaron para todo tamaño de pantallas simultáneamente. Se precisa un poco de experiencia y un sólido conocimiento de base de la tecnología para poder navegar el espacio posible mientras se mantiene una objetivo de diseño. Es viable, solo se necesita estar preparado para fracasar rápido y frecuentemente.»

Steffen Floan Oie—Bergens Tidende

Nota–

Steffen Floan Oie resalta un punto clave también: «El área cómoda del movimiento para el pulgar a lo largo de la pantalla de los teléfonos inteligentes es en realidad bastante pequeña.»

Periodismo investigativo digital

Uno de los aspectos sobresalientes de cómo se creó y redactó la historia *Five Feet Under* es que combina lo mejor del storytelling digital con lo mejor del periodismo investigativo – un gran ejemplo de lo que vimos con el *NSA Files*, ganadora del Premio Pulitzer: *Decoded*, de *The Guardian* y *The Washington Post*.

~

Allí está el desafío y lo que lo vuelve emocionante también: cómo podemos escribir, redactar y diseñar para el lienzo más pequeño, pero la que está en manos de nuestra audiencia la mayor parte de las horas de vigilia.

~

Newsletters
en su buzón

Storytelling #12

UN NEWSLETTER BIEN REDACTADO ENVIADO POR E-MAIL ES EL MEJOR SERVICIO QUE UN DIARIO O UNA REVISTA PUEDE BRINDAR A SUS LECTORES.

The Story

Storytelling

A los usuarios definitivamente les encanta un newsletter que resuma lo que es importante, los haga sentir inteligentes y les permita tener una conversación cuando toman un café en la oficina incluso cuando no han leído la historia completa. Los mejores newsletters se vuelven una parte esencial de la rutina informativa diaria de los lectores. La clave del éxito: deben tener una voz, y deben enfatizar pocos puntos, pero que sean significativos.

Newsletters y teléfonos

Luego de que el usuario se vuelve adicto a un newsletter, lo leerá en el teléfono. Esta debe tener un diseño limpio y fácil de seguir. Debe permitir desplazarse verticalmente. Aún más importante, es el contenido que incluye que la torna esencial a la vida del lector. Puede ser sobre tópicos específicos o, como yo lo prefiero, algo más general como las "cinco/diez principales noticias" que usted precisa saber hoy.

Nota-

Si su diario no produce
o entrega al menos un
newsletter por día a sus
lectores, está llegando
tarde a la fiesta.

Comience ya.

5 a 10

El número ideal de items
que deberían aparecer
en un newsletter que
sea fácil de digerir y
seleccionado según la
importancia e interés
para el lector.

2

Idealmente, su diario
produce un newsletter
matutino y otro vespertino.
Es la mejor manera
de promover contenido.

¿Qué constituye un buen newsletter?

Aquí tiene algunos consejos que lo ayudarán a crear o evaluar el que usted ya publica.

Consejos para la creación de newsletters

—1. Menos es mejor.

—2. Visual: incluya al menos una o dos fotos. (No se recomiendan videos para los matutinos, pero funcionan mejor en los vespertinos).

—3. Incluya auspiciantes. Encuentre un anunciante que quiera tener su marca asociada a los importantes newsletters que usted produce.

—4. Conversacional: uno informal es mejor que uno almidonado, formal. Diga buen día, o buenas tardes. Coloque su brazo en los hombros del usuario y dígale: hablemos.

Un buen newsletter por e-mail es como un pequeño diario que nos mantiene informados, sabe quiénes somos, prioriza nuestras preferencias, y nos ayuda a tener una mejor vida simplemente porque estamos mejor informados.

Nota-

Todos tenemos newsletters que cumplen con nuestras necesidades. Aquí están algunos de mis favoritos. Me mantienen informado, y hasta me sorprenden—¡Como con una receta de sopa para un día invernal en Nueva York!

«Los newsletters para mí son una
mezcla de inteligencia personal
e institutional, y pueden cumplir
muchos propósitos. Lo difícil es
en qué propósito centrarse. Lo vacuo
es fácilmente decifrable como vacuo.»

*Andrea Kannapel – The New York Times,
Editora de Comunicaciones*

The Washington Post

Excelente newsletter con una jerarquía visual para cada item bien definida, y componentes visuales efectivos. Un verdadero "mini diario" de lo que es importante ese día.

AXIOS   View in browser

PRESENTED BY KOCH INDUSTRIES

Axios AM

By Mike Allen · May 11, 2017

1 big thing: The price of impulse and improvisation

Axios: ¡Un don para la narrativa!

Observe cómo se presenta cada item a través de titulares agudos, introducciones en negrita, y otros medios que facilitan visualizar cada tópico.

5 things

CNN

Wednesday 08.08.18

Poor Hawaii. Just as the 3-month-long volcano eruption slows down, a hurricane comes along. Here's what else you need to know to Get Up to Speed and Out the Door.

By AJ Willingham

1

Primary elections

It was another night of tight races and close calls in primary and special elections ahead of November's midterms. The big takeaways: Two Trump-backed candidates are locked in tight, tight races. A

CNN: *Solo cinco items*

Un contenido altamente seleccionado limitado solo a cinco items. Cada uno con un número que clasifica las historias en términos de importancia. Amplio uso del espacio en blanco.

The New York Times

Morning Briefing

SEPTEMBER 22, 2019

Your Weekend Briefing

  By Remy Tumin and Lance Booth

Here are the week's top stories, and a look ahead.

Doug Mills/The New York Times

1. Details of a secret whistle-blower complaint that is said to be about President Trump continue to unravel.

Mr. Trump pressed the Ukranian president in a July call to investigate former vice president Joe Biden's son, an apparent mix of foreign policy with his re-election campaign. Mr. Trump also urged the Ukranian leader, Volodymyr Zelensky, to talk with his lawyer, Rudy Giuliani, about the matter, according to people familiar with the conversation.

The New York Times

Exhaustivo es lo que describe al newsletter de The New York Times. Hay uno matutino y otro vespertino. Todas las noticias que debe saber, y artículos también.

We read. You Skimm. Join millions of others.   Your email   **SUBSCRIBE**

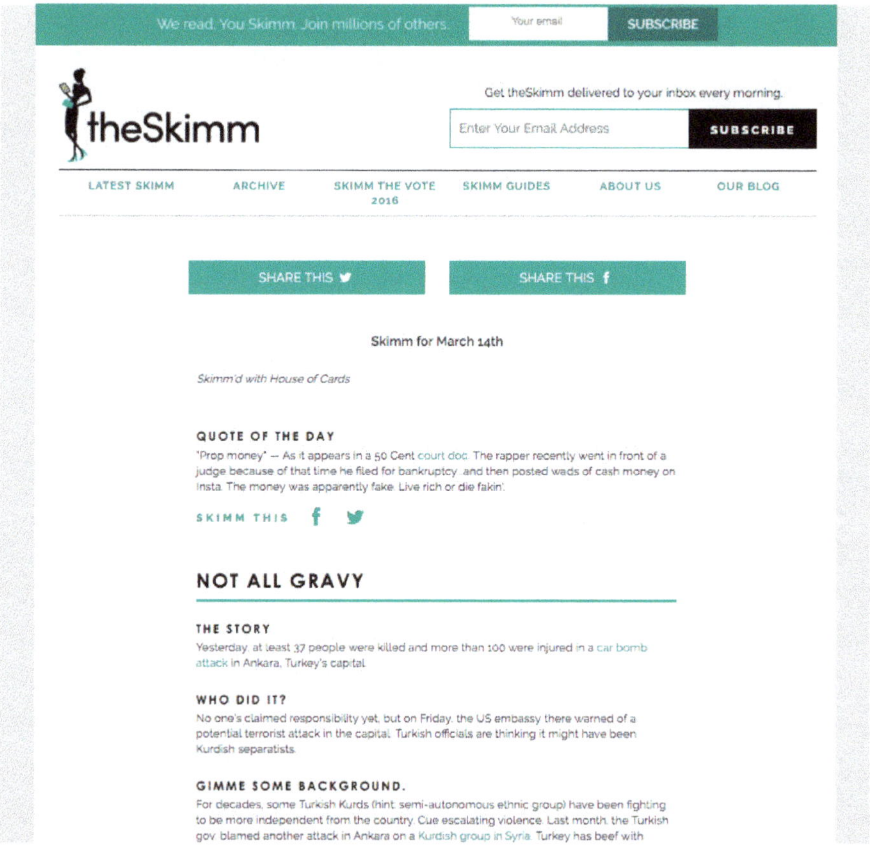

theSkimm

Get theSkimm delivered to your inbox every morning.

Enter Your Email Address   **SUBSCRIBE**

LATEST SKIMM   ARCHIVE   SKIMM THE VOTE 2016   SKIMM GUIDES   ABOUT US   OUR BLOG

SHARE THIS 🐦   SHARE THIS f

Skimm for March 14th

Skimm'd with House of Cards

QUOTE OF THE DAY

"Prop money" — As it appears in a 50 Cent court doc. The rapper recently went in front of a judge because of that time he filed for bankruptcy and then posted wads of cash money on Insta. The money was apparently fake. Live rich or die fakin'.

SKIMM THIS f 🐦

NOT ALL GRAVY

THE STORY

Yesterday, at least 37 people were killed and more than 100 were injured in a car bomb attack in Ankara, Turkey's capital.

WHO DID IT?

No one's claimed responsibility yet, but on Friday, the US embassy there warned of a potential terrorist attack in the capital. Turkish officials are thinking it might have been Kurdish separatists.

GIMME SOME BACKGROUND.

For decades, some Turkish Kurds (hint: semi-autonomous ethnic group) have been fighting to be more independent from the country. Cue escalating violence. Last month, the Turkish gov. blamed another attack in Ankara on a Kurdish group in Syria. Turkey has beef with

Skimm

Muchas mujeres millennials califican a Skimm como su newsletter favorito, porque brinda variedad de contenido, pero centrados en tópicos de interés para las mujeres.

The Story
Storytelling

QUARTZ

Good morning, Quartz readers!

WHAT TO WATCH FOR TODAY

Results roll in for the European Parliament elections. Center-right, pro-EU parties are expected to form the biggest bloc in the legislature, despite a surge in support for nationalist groups such as Marine Le Penâ€™s party in France, the League in Italy, and the Brexit party in the UKâ€"though Greens also made big gains, particularly in Germany. Greek prime minister Alexis Tsipras called for a snap election last night following heavy losses for his center-left Syriza party in the polls.

Fiat Chrysler and Renault confirm tie-up talks. The French and Italian carmakers will reportedly make an announcement today, after news broke over the weekend of possible wide-ranging cooperation that could reshape the European auto industry (paywall).

Franceâ€™s senate considers a Notre Dame restoration bill. Lawmakers approved a bill earlier this month to rebuild the church in five years, though it still needs approval from the upper house.

Quartz

Definitivamente los titulares más seductores de cualquier otro newsletter de periódicos. Particularmente me gusta la sección titulada Obsessions.

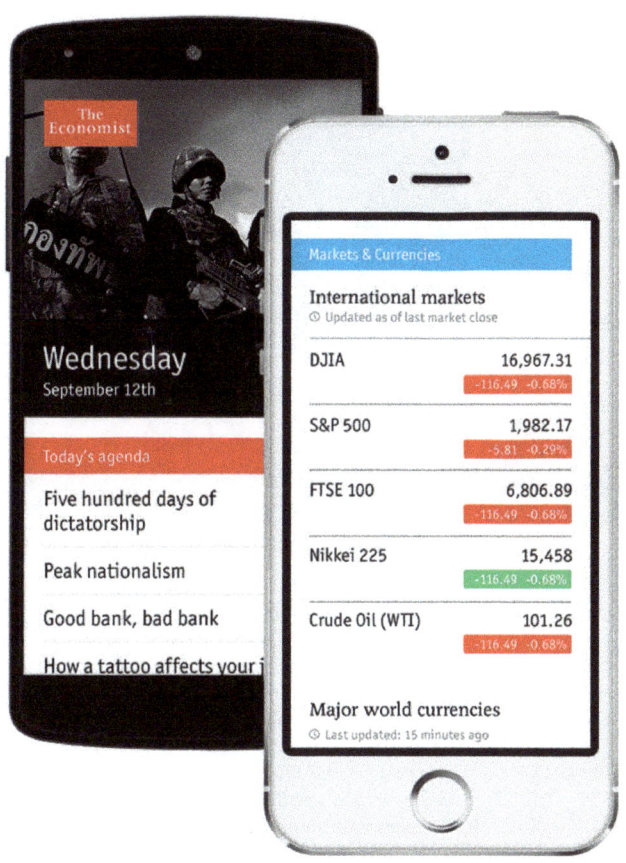

The Economist: Espresso

Es exhaustivo. Es confiable. Y tiene el mejor nombre para un newsletter matutino; un resumen solido de noticias financieras y mundiales cada día.

The world in brief

A long-awaited 2.6m-word-long report into the Iraq war lambasted Tony Blair for "wholly inadequate" planning, taking military action prematurely on weak legal grounds, and presenting flawed intelligence with unjustif certainty. Sir John Chilcot's verdict sparked a renewed storm of criticism against the form prime minister, who spoke of his "sorrow an regret", but denied acting in bad faith.

The greasy pole: oil-price pressures

Prices are still struggling to find a foothold at $50 a barrel; a post-Brexit dollar surge clobbered them once again. Data on American crude stocks due today could push them further down if the country's huge supply glut is not easing. Most analysts think inventories will fall for a seventh straight week, but their confidence was jolted last week when petrol stocks surged, just as America's summer "driving season" revved up. There are other downward pressures, too. Shale production is inching up—last week America's oil-rig count

The Economist: Espresso

Uno the los títulos financieros más confiables llega con el poder de una selección editorial.

The Story

Storytelling

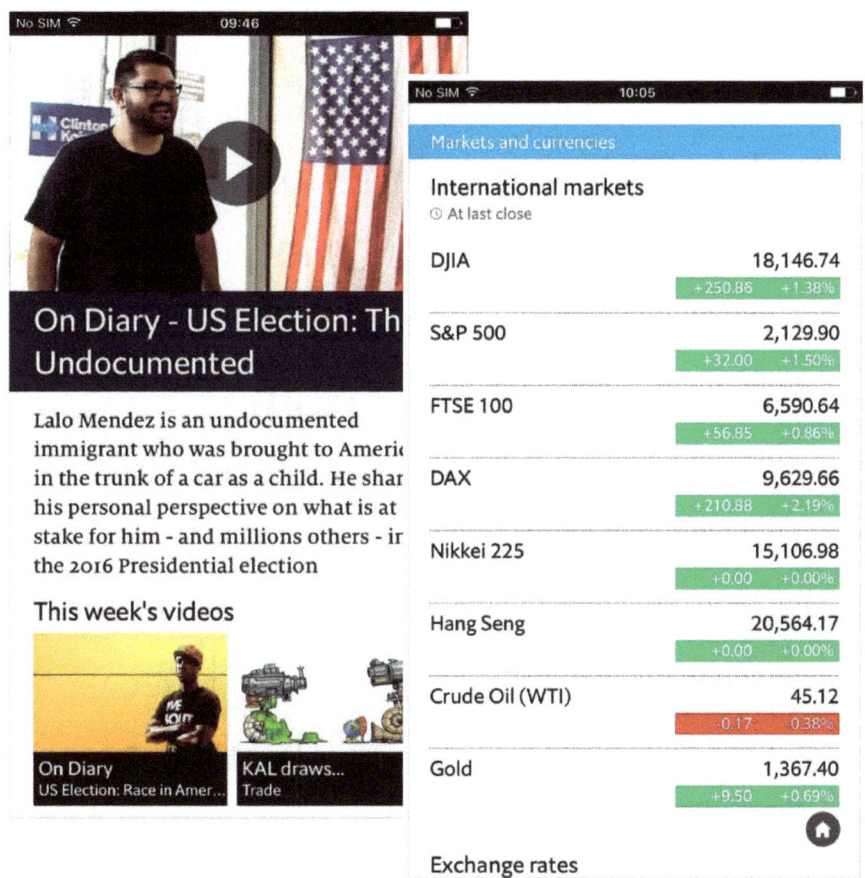

The Economist: Espresso
Amigable e informal.

Las newsletters impasibles

Las redes sociales son ruidosas, el bullicio de una tarde ajetreada en medio de *Times Square*. Los newsletters son inconfundiblemente silenciosos y reservados, algo parecido a ese rincón escondido en *Central Park*, el cercano a la calle 94 donde a veces me detengo a contemplar el entorno cuando salgo a correr. Contemplación es exactamente lo que hacemos en los newsletters. ¡Qué gran oportunidad para que las editoriales presenten su marca!

~

Un newsletter bien curado nos ayuda a a estár informados sobre un cierto tópico. Los mejores newsletters nos hacen sentir que fueron escritos solo para nosotros. Los buenos newsletters diferencian entre cada persona.

~